主持人 李四端

大雲時堂

做堅持的人

大雲時堂

WELCOME TO DA-WIN DINER

做一個正派規矩的人，比做大官更重要，我不想只做大官，這是我一輩子的信念。

歷史沒有別的，就是純真，真就是事實，不是批評。

——錢復

我特別希望台灣讀者的心靈，從現在時局政治的全面籠罩裡頭，把自己的心解放出來。請保留一定的空間給政治以外的東西，比如說文學。

你平常視而不見、聽而不聞，知道但是沒感覺的東西，透過創作者的文字，能使你突然看見。

——龍應台

我真的很喜歡做服務，我真的很喜歡公共事務，我真的很喜歡改變眼前這個我覺得應該要改變的事情。

人生沒有什麼事情你一定要什麼，因為不是你要就可以強求得來，所以當然先把我的工作做好。如果你沒有能力，有知名度也沒用。

——黃珊珊

每一個人都會說「我要拍一部好的電影」，誰不是這樣說？我的經驗告訴我，有人這樣講的話，那個電影肯定會很爛。

別要求太多，某些時候就是有遺憾，有遺憾才是真實人生。

——黄秋生

我的血液裡面，做事情要跟別人不一樣，因為跟別人一樣的成本我沒有。我買不起玩具，我的玩具要自己創造。

在未來的世界，沒有什麼明星跟不是明星，有一天你做到你的專業變成明星，不要把明星當你的專業，讓你的專業變成明星，這樣你就會很自在。

——王偉忠

時
堂

一定要有贏的鬥志。如果領導人過來沒有打算要帶大家去應許之地，那你幹嘛要來。

我絕對不是對每一件細節知道最多的人，所以一定要能夠傾聽那個懂的人，聽他到底怎麼想。

——鄒開蓮

時
堂

對於你的夢想不可以算成本！這世界上唯一不會變成沉沒成本的，就是你讀過的知識跟書。

不是每個人的意見你都要聽，就算是很有用，你做不到，那答案就是沒用。人有時候不要把自己的欲望強加到別人身上，其實人應該期望自己。

——吳淡如

圖片提供／吳淡如

人要趁年輕的時候，有些文化上的滋養與吸收，以備有天你的靈魂能夠自己陪伴自己，不孤獨地躺在病床上。

做一個對得起自己的表演藝術家，表演是我要做的事情，而不是只會討好觀眾的綜藝咖。

——馮翊綱

大雲時堂

在邁向老的過程中，體會到時間、生命還有親人的可貴，我能夠更積極從事創作，留下我覺得可以留下來的文字。

現在自媒體很方便，你就試著去表達自己對人生的感觸、對親人的關懷，轉換成文字做成記錄保留下來，這些會讓我們的生命更豐富。

——蔡詩萍

我父親。

當權者的權力一定要被制衡。即便我們是同黨，八分的支持，也要有兩分的監督。

我認為還是必須走自己的路，以後你才能幫市民監督他。

——王世堅

人一生最重要的就是要為自己負責，當你一旦做了決定，哪怕最後是痛苦，你都要為自己做下的決定而負責，你才能再站起來。

想要健康，心裡面要學會鬆開，不是說看開一點就好，而是要改變視角，你要理解事情為什麼會變成這樣，才有辦法改變你的視角。

——理科太太

人生只有樂於接受挑戰，守著你的核心價值，不忘初心，這才是你自己。

選舉可以不必要很多的紛爭，因為台灣需要是團結，一個共好的台灣。

——侯友宜

大雲時堂
MOMOTV

今天如果你有價值，業績絕對會往上走。我們不是看毛利率的百分比，而是把營業額做大。

我把自己當成總教練一樣，非常重視團隊精神，確認每一個人的方向是正確的，但不會跳進去管他們的部門。

——張嗣漢

人最後都會死掉，死亡不是人生的目的，所以人生只是一個過程，在過程當中尋找生命的意義。

——柯文哲

幸福應該就是按照你自己的一個意願，能夠做你自己想做的事。

——陳佩琪

推薦序

一個可以好好品味的節目

富邦集團董事長　**蔡明忠**

多年前我曾赴韓國首爾參加影視事業研討會，其中有個探討「韓流」主題的論壇。由於當時「韓流」正盛，因此「如何創造『韓流』並能將韓劇外銷，甚至銷往世界」是大家普遍好奇並想瞭解的。想不到在提問後，對方的回答竟是：韓流能夠興起，最該感謝台灣有線電視業者！原因是早前台灣業者最大宗的購買都是日劇，但日劇所費不貲，相較之下便宜的韓劇便大受歡迎，從而為韓劇打開了一道外銷之門。當下心中甚感震撼，身為台灣有線電視業者，在開發通路、升級硬體時，卻疏漏了最重要的關鍵，「內容才是王道」！而這件事也就在我的心中一直介懷著。

就在抱持著對台灣電視內容的產製多盡一分心力的期許下，《大雲時堂》節目誕生了。透過螢幕可以看到在那一方空間裡，賓客們在主持人的穿針引線下，或是笑談、或是聊到內心深處時情動落淚，常讓觀眾不自覺地忽略了螢幕的框架，彷彿自己也置身在大雲時堂的現場裡，傾聽著來賓們述說故事，暢談不同的理念、想法。《大雲時堂》提供的不僅是一方讓來賓暢所欲言的天地，更是豐富知識和多元聲音的匯流站，帶給社會正向影響。而這也正是MOMOTV一路成長最重視的內容價值：勇於嘗試創新，永遠給觀眾最好的娛樂。

在《大雲時堂》逾四百集的節目裡，彙集了各方的好故事，如今將精選的好內容陸續集結出版，代表MOMOTV不僅只停留在影音媒體的領域，同時也透過文字的力量，將更多的知識和靈感分享給讀者，讓我們一起支持這個充滿活力和創意的團隊，並期待未來有更多的優秀作品。而主持人李四端，充分發揮溫暖稱職的時堂主人角色，以熟稔的問答帶動節目情緒節奏，不僅深掘話題，更引發共鳴。如今節目內容化為文字集結成書，提供閱讀者更多思量與品味的空間，也愈發能感受其中對話的精妙。

最後一提，身為《大雲時堂》粉絲，我卻始終不曾有機會品嘗節目中的「好菜」！也許未來當《大雲時堂》準備推出食譜，也來邀請本人寫序時，我可以要求必須讓我親自試過每一道美食。

前言

九百位時客，感謝你們

李四端

從事電視工作，今年剛好滿四十年，用更直白的話來說，吃這行飯已經整整四十個年頭，前前後後主持了不少訪談節目，多到連數目我都有點弄不清楚，這當中的節目形式各異、主題不同，長度也不一樣，當然，維持的時間也各有不一樣的壽命，但無疑的，《大雲時堂》是我主持節目生涯中，很特別的一個例子。它超出了我的期待，我沒料到的是，節目的發展會走上這麼一條路，且聽我細說分明。

《大雲時堂》的起源其實很妙。五年多前的某個夜晚，我跟製作團隊在一處餐廳用餐，看到一個簡單的吧台，餐檯旁邊的老闆跟他熟悉的顧客之間，有一種自然不拘形式的互動，促使我們也想打造一個類似的環境，我們希望節目的來賓，也能像餐廳的情境一樣，主客間不要只是硬梆梆的話語，而是輕鬆的用餐，真心的對談，用人生的酸甜苦辣來佐餐，把艱澀的生活點滴轉化成真情的歡笑，套句比較白話的說法，就是邊吃飯邊聊天，於是，我們啟動了《大雲時堂》的棚景設計，製作團隊還逼我脫下西裝，穿上圍裙，說這會讓我的拘謹形象接地氣些，最後，我妥協了。

至於為什麼取名《時堂》，而不是《食堂》，主要是取其諧音，而「時」代表的是緊扣時事脈動，與時俱進，我們甚至在播出鏡面上，把來賓以「時客」相稱。雖然在美食的製作上，我們並不是真正很夠《食堂》，但不管時堂也好，食堂也罷，都是這個節目的元素及亮點，也讓《大雲時堂》可以稱得上是全台灣唯一一家自稱是餐廳，但是沒有營業地址的食堂。我們沒有真正的廚房，連開發票的統編也沒有，而我也只是一個認真服務的假廚師，賣力的跑跑堂還可以，真要我烹煮出什麼精美料理，那是完全不可能，但時客們來到這裡，卻總能對我們提供的服務讚美有加，哪怕有時候他們享用的，其實已經是涼掉的食物，卻依舊真誠地享受那份人與人之間的交心對談，著實讓我感恩又感動。

記得有一位前輩曾經告訴我，「訪談節目再這樣主持下去，你有一天會找不到來賓。」

當時我就想，怎麼可能？天底下來賓這麼多，應該是人人都想講話吧！既然想說話的人多的是，應該是很多人找不到節目可以上，我怎麼可能會發愁找不到來賓？但主持愈久之後，益發感覺這位前輩說過的話，真有他的正確性。問題不是來賓在哪裡，而是我們的社會，很多人都不願意說真心話，尤其不願在媒體上說真話。他們謹慎，他們保留，他們甚至不敢或者選擇不說，都各自有其理由。這個社會，本來就有很多人害怕多言，也怕失言，更深怕說話得罪人。所以到最後，訪談節目最發愁的就是，想說、會說、願意說的人愈來愈難找。這就是那位前輩所講的，節目到後來可能會找不到來賓。

正因為如此，《大雲時堂》這四百多集下來，讓我最感謝的，就是有這麼多來賓肯上節目吐露心聲。這些貴賓中，很多都具有社會極高的知名度，也具有極高影響力。他們選擇在我們這樣一個看似平凡，一個沒能真正提供所謂豪華美食或者豪華背景，甚至沒有什麼吸睛特效的節目裡，坦誠地說出他們想說的，有時候還會太暢所欲言說溜嘴，當錄影結束後，他們可能還會嘀咕：「我怎麼在節目裡說了那麼多？」

大雲時堂出書，也讓我重新審視了過去五年製作的內容，不得不說，節目的題材包羅萬象，有一集甚至做了「台灣包子店，好吃在哪裡？」還有一集做的是「關公、媽祖真能夠託夢嗎？」當然，你知道我在講誰的故事。節目也有多位台灣重要選舉的參與者蒞臨，有締造台灣經濟奇蹟的實業家講述他們創業的甘苦，有來賓分享他們因為巧思而獲得的至高榮譽，更多來賓講述他們伴隨台灣成長的歷史，還有各行各業的專家達人到節目中分享喜怒哀樂，有咖啡師、麵包師、氣球達人、小丑表演者、公益家、技藝家。這些各行各業的箇中翹楚，他們都是努力生活的人，他們的成就多半是來自自己的堅毅與堅持，來自歲月的淬鍊甚至折磨，讓他們悟出了生命的道理，並且轉化成動人的話語，讓觀眾得到了享受跟學習。我相信，這是《大雲時堂》最引以為傲的地方，這份匯聚與坦然交心，能夠在節目中毫無保留的呈現與洋溢，是我原先沒有預料到的，《大雲時堂》我覺得它好，就是好在這裡。

以此刻台灣，甚至從全世界的角度，審視當今的媒體環境，像《大雲時堂》這麼一個節奏並不算快，談話時間不算短，而且節目布景到現在都沒有改變過，這種看似略顯單調的節目類型，卻還能夠被觀眾繼續接受，我想，靠的就是《時堂》與當下速食的媒體有所區隔。《大雲時堂》不像當下的網路世界，趕流行的快速精簡，甚至草草急就章的極短篇故事。它是精心調製的內容，值得觀眾花時間去看，花時間去聽，花時間去消化，花時間去細細品味。在網紅流行的今日，竟然還有高度存在的價值，而且還撐過了五年，觀眾和來賓們的支持，怎不讓我們感恩與感動！

我同時也回顧了節目製作過程，製作團隊從發想，到來賓邀請，到主題濾定，討論過程中經常有爭執，甚至相對怒視，這些言詞上的磨擦或齟齬，不是合作上有困難，而是大家都太想把節目做好。因此，我非常感謝所有參與的同仁們，更要感謝MOMOTV對這個節目提供的資源與支持，如果沒有這一切，這個節目終究將只是一個泡影跟空想而已。

除了以上許許多多的團隊幕後英雄，我尤其感激對大雲時堂一路走來最重要的兩位支持者，富邦集團董事長蔡明忠先生和夫人陳藹玲女士。他們打從節目開始即信任我，且鼓勵不斷，從他們那裡得到的盡是掌聲和肯定，有這樣的期許加油，時堂的夥伴們自然不敢懈怠，大雲時堂今天的招牌是他們兩位幫忙搭建起來的，更期待未來他們也能繼續以節目為榮。

放眼《大雲時堂》的未來，我覺得談話性節目無論是以什麼形式，或在哪一種媒體上呈現，都會有它自己的一片天空。因為從幼童的床邊故事開始，每個人就喜歡聽故事，成長的過程中，我們尤其喜歡聽別人的人生曲折，在別人精采的故事裡，我們常常會好奇，故事的主人翁是靠著什麼本領和堅持，才挺過一道又一道的人生關卡，我們甚至會幻想，當我們和主人翁身處相同的環境與考驗，又會得到怎麼樣的生命領悟，而在訪談節目中，從別人的生命故事裡，也許我們可以學習到，讓自己變得比以前更好。因此，我相信《大雲時堂》將來無論以什麼樣的形式呈現，都會一本初衷，秉持製作原則的幾個字：尊重、真誠、發自內心、發自真心。我也相信，我們的社會依舊美好，周圍的人性依舊善良，我們的世界依舊充滿希望。最後，再次感謝曾經在《時堂》駐足過的貴賓們，未來，期待更多夢想名單中的賓客也能陸續光臨本店，加入《大雲時堂》的行列。

目錄

本書內容取自《大雲時堂》電視節目，
受限篇幅，引錄部分皆有所刪節。
如欲瞭解完整內容，請循文末所附連結至網路觀賞。

錢復：

做正派規矩的人，比做大官重要

· 端哥開場

前監察院長、人稱外交才子的錢復，曾經有機會在政治領域更上一層樓，但是他堅持：「做一個正派規矩的人，比做大官更重要，我不想只做大官，這是我一輩子的信念。」

錢復是一位有風骨，有智慧的政治人物，他分析兩岸和國際局勢宏觀且深入。尤其面對美國，台灣更須要謹慎，「我對於美國很憂慮，美國到底在想什麼？台灣一方面要高興美國對我們很好，另一方面也要擔心，這個很好的背後，有沒有危機存在？」他更提醒國人，「台灣人又聰明又勤勞，可是我們把時間耗費在內鬥上，這是很不幸的。」一如錢復先生所言，台灣人真的是聰明又勤勞，但是台灣也需要一位正派誠信、有智慧有良心的領導人。

錢復對世界時局的觀察犀利，節目中，他道盡台灣少為人知的史實。錢復對國策的鐵口諍言，卻絲毫不減先生的風度翩翩。

李四端：今天這位貴賓在外交工作上是大家最熟知的一位人物，他曾經追隨過五位的前總統，而他自己也曾經一度跟我們國家最高的行政職務擦身而過——錢復先生。非常榮幸院長來到我們這裡，前年二〇一八下半年其實你的身體不太舒服，現在一切都好？

錢　復：我當時突然之間腦中風，我自己知道那一段時間就是民國一百零七年太累了，出國不曉得多少次，兩三個月之內開會、演講、帶團，所以有一天演講中間覺得天旋地轉，比九二一地震還嚴重，我知道不對了、大事不好，一直過了兩個禮拜，才發現顱內有血。當天晚上緊急地動腦部的外科手術，所幸遇到一個非常好的醫生，手術完全成功，出院兩個月以後就不用輪椅了。

李四端：我覺得現在你看起來頭髮少一點之外，其他一切毫無異狀。想想看，你動的是腦部手術啊！

錢　復：對，而且兩次，第一次頭蓋骨拿下來放在旁邊，十七天再補回去，所以仔細看上面都還有疤痕。

李四端：這個過程回想起來，你自己心中有沒有什麼特別的感覺？

錢　復：我就是覺得兩點：第一點人不可以逞能，不能說我老了，不顯老我還拚命，不行，老了要認老、要承認，該休息的時候要休息了。第二就是健康要靠自己，家人對你再好，他不能替你生病，生病都生在你自己的身上，所以一定要自己愛護自己，自己照顧自己。

李四端：你現在的作息有調整一些了嗎？

錢　復：我有調整，就是睡眠時間加長很多，大概晚上九點上床，早上七點起床。

李四端：不過你顯然還是抽出時間出版了一本這麼厚的回憶錄，三十三萬字，真是不得了的東西，每一字、每一筆都是你自己親手？

錢　復：都是用手寫的。

李四端：光用過去康復的這兩年期間，你還在執筆，說了真令人難以相信！

錢　復：第一本、第二本（《錢復回憶錄：外交風雲動》、《錢復回憶錄：華府路崎嶇》）是在民國九十四年三月出版的，我三月出版的當天回家就開始寫，寫了十五年（第三卷《錢復回憶錄：台灣政經變革的關鍵現場》），而且這裡頭都不是我記得如何，而是憑資料、我的日記，還有我當場做的很多筆記，一點一點看、慢慢地寫，所以這裡頭包含了四部分：頭一部分是「經建會」（一九八八至一九九〇年任主委），第二部分「外交部」（一九九〇至一九九六年任部長），第三個部分是「國民大會」（一九九六至一九九九年任議長），第四個部分是「監察院」（一九九九至二〇〇五年任院長），整個六百頁差不多將近一半是寫外交部，而外交部裡面當然牽涉到一些機密，我要離開外交部二十五年後才能解密。

李四端：拜讀之後，我的感覺誠如你所說，你是忠實的把記憶比照真正的文字，盡量做一個很中性的敘述，幾乎看不到你的很強烈地形容字語，幾乎你沒有批判什麼人，你忠實記錄，這是你要把持的一個原則？

錢　復：這是風格，我的一個方式，這也是我的老前輩胡適先生、傅斯年先生在我小的時候對我的諄諄教導，告訴我：歷史沒有別的，就是純真，真就是事實，不是批評。

李四端：你特別強調出這本書其實最重要的用意是，你想昭示自己個人的一個原則就是「誠與信」，為什麼？

錢　復：這樣子說，真正一個國家、一個社會，每一個人都非常誠實、非常守信用，那其他國家看它，都會非常地尊重，那麼社會也是如此，社會一定很祥和。自從一九八八年、民國七十七年，從美國回到台灣感覺到社會沒有祥和的氣氛，每一個人都是只要我喜歡有什麼不可以，想要什麼就做什麼，想罵什麼就罵什麼，我覺得這是不好的，跟我們如何要讓國家幸福、社會祥和是背道而馳的。外交官百分之百要守信用，我這一生能夠替國家好好地服務，沒有別的，就是你到外國人面前問Frederick Chien——人人都說是這個人可靠——這些評價不是天上掉下來的，是多年交朋友講誠信而得來的。

我退休以後，已經什麼都不是了，我是一個普通的老百姓。我在馬路上走，會有騎摩托車的朋友停下來，轉回來看到我：謝謝錢先生，你幫我們做了多少事情；經過一個大廈，看到大廈的管理員從裡面走出來也講同樣的話。我的感受是非常地深刻，這就是做人誠信的結果。

李四端：你對自己的自我約束，也可以在你書中看到幾段敘述。我就直接問，大家其實很有興趣的一段，你曾經跟國家重要的位子幾乎是擦身而過，在李登輝總統的時候，首先曾經有考慮過你作為副總統的搭檔人選之一，那一段李前總統他是怎麼跟你講的？

錢　復：先講經建會，李總統是一九八八年一月十三號就職，就職不到一個月，他就請了一個他很信任的朋友，我確實知道這個人是他信任的，帶話來說你要準備回台北，總統準備請你先接經建會，因為這個職務可以培養做行政院長的材料，然後到一九九〇年他當選了，就請你做行政院長。我那個時候糊里糊塗，我就說OK。我那個時候對於台灣的政治現實完全不了解，我五年多沒有回來都待在美國。等到回來，一九八九年有一天把我叫去，說「現在我要準備明年三月選總統，那副總統呢，應該找一位外省人，你是最合適的，但是，我不敢找你。」因為大家都知道李先生那個時候已經七十了，副總統大概是接任的，別的人想那個位子就必須對付你。所以我很感謝李總統的德意，這個真正是德意。

李四端：所以他後來挑的是李元簇先生。

錢　復：他三月當選了，到了一九九〇年四月七號，晚上吃完飯他就跟我講，你到我房間，然後就說李煥（時任行政院長），我預備換他，也還是要你來接。我說報告總統：這個位子我做不好，我在經建會我可以做得很好。什麼原因？因為經建會只管計畫不管執行，所以不需要跟廠商、民意代表接觸，甚至於媒體；但是院長人家來找你，你如果說No，後果不堪設想。尤其現在我回來一年多快兩年，發現國內所有的社會運動，背後都有人在那裡掌控，而這些人是我得罪不起的，但是我必須要得罪他，因為我是一個崇法務實的人，他們做這一種違常、不合理的事情，我必須要執行公權力，我看了兩位院長都為了保全職位，沒有執行公權力，我心裡很痛苦。

如果你叫我坐這個位子、我一定要執行公權力，我估計不到六個月，我就會被轟下台，既然要下台何必上台。

李四端：李前總統聽完你這麼冷靜的分析，他什麼反應？

錢　復：他很難過，他說，Frederick你把我整個的計畫都打破了。我說，總統我知道，我也懂得你的用心，但是很抱歉，我預期將來讓你辛苦，不如現在讓你辛苦一點。所以我具體地提出幾個人，包括連戰先生、邱創煥先生等等，我說這個位子應該由台灣省籍的人來擔任。

李四端：但是我想問的是，那正是台灣在民主發展一段最關鍵的歲月，你沒有為家國而想嗎？

錢　復：我想了，如果我能夠在這個位子上三年、四年，那可以有貢獻；如果做六個月不但沒有貢獻，反而對國家有大的傷害，就是動亂嘛。

李四端：那可以說這些拒絕，你後來了無遺憾？

錢　復：沒有遺憾，從來沒有難過。

李四端：如果你「接下來了」，你不覺得你可能會做出一些貢獻嗎？

錢　復：我會痛苦不堪，這幾乎可以百分之百確定的。

李四端：我們可以說這是一個知識分子的勇氣跟擔當，其實要拒絕是更需要勇氣的。你認為政治人物在碰到人生一個重大抉擇的時候，都應該跟你一樣做這種的選擇跟做法嗎？

錢　復：做一個正派規矩的人，比做一個大官重要。我不想做大官，這個是我一輩子的信念，所以我在哪一個位子上，我都不想離開，經建會我做了一年八個月，我也捨不得離開，你仔細看我對於經建會，我有很大很大的抱負，隨便舉個例子：一高台北到五股，本來壅塞像停車場一樣，我們找楊裕球先生設計，加一層，馬上就把交通的困擾解決了。無論高鐵，無論北宜快速道路，包括全民健保，全民健保我必須要說，我很恨自己沒有繼續在經建會做下去，如果繼續做下去的話——

李四端：財務會更健全。

錢　復：不會是現在這個樣子。

李四端：後來你又再回到外交系統了。我就直接問你，在所有的工作裡面，你接觸了很多重要工作，你大概最得意、最滿意的是在外交單位？

錢　復：不，在經建會。外交部我認為做得不好，因為該做的事無法做到。比方說一九九二年底那一次的民意代表選舉，競選的訴求就是以台灣名義加入聯合國，都得到當地選區最高票。這個民意看得太清楚了，我在外交部，我不能不注意，所以我就積極地想辦法。這個分兩條路，一條路可以看到我去跟蓋里（Boutros Boutros-Ghali）祕書長長談了兩次，一共三個半小時，總結他的結論就是一句話：你要台灣台北進聯合國，最短的道路，經由北京。

所以第二步，我就拜託東吳大學法學院院長章孝慈先生，帶一個國際法的團隊到大陸去，給他們做國際法的研討會，為什麼？因為大陸經過文革四人幫，國際法被拋在腦後了，完全沒有人談，我們去的幾位學者提供很多新的國際法的觀念給他們，做了一年多，做了好多次，北京注意了，錢其琛先生（時任大陸國務院副總理兼外交部長）就約見章孝慈先生一行，說你們哪裡來的錢做這麼多的研討會？回答台北外交部給的。外交部要你做什麼？要我們做一個研究，中華民國參與國際組織可行性的研究。錢其琛先生說不要那麼辛苦了，很簡單，明年一九九五年我們第二次辜汪會談，把這個題目提出來。幾位學者回來告訴我高興得不得了，我就在一九九五年的陰曆年初，剛剛上班去拜見辜老，把我們聯合國的事情詳詳細細地對辜老報告，都很好。一九九五年六月李先生堅持要去康乃爾大學，所以第二次辜汪會談告吹，我們的努力也就告吹。所以我常講，謀事在人，成事在天。我們努力做了，老天爺不讓我們做成功。

李四端：但是大家都記得一九八九年你曾經在國民黨黨內，提出了外交政策，其實大陸關係的工作是最高位階的。台灣現在還是非常地急於想要重返國際組織，用了各種方式，你怎麼看？

錢　復：我還是相信蓋里祕書長跟我講的話，我們要到聯合國最短的路程是經由北京，兩岸關係必須要改善才有機會，這個主要要看北京當局的態度。你看最近張志軍先生（海峽兩岸關係協會會長）的講話，那個態度就很好，他認為ECFA經濟綜合架構協定（《海峽兩岸經濟合作架構協議》），不會十年期滿就廢，這是很好很好的。但是我也不敢否認，大陸有許多人對於目前台灣的言論做法非常地反感，主張用決裂的手段來對付，這個也是現實。

基本上大陸現在有幾個重點，第一個重點是如何全面脫貧，大陸曾經在只有十億人口，現在十三億快十四億，那個時候有七億老百姓生活在貧窮線下，慢慢地現在大陸生活在貧窮線下大概七千到八千萬，這個要脫貧不是很困難的，但是絕對不能有軍事的行動。軍事行動是天底下最浪費錢的事情，打仗是最壞的事情，所以大陸的領導人了解這一點，他要脫貧就不能有戰事。從這一個觀點來看，台灣目前應該還是可以穩定，但是我們不要挑釁，我們如果挑釁的話，對岸說不定會有不好的舉動發生。

李四端：但是還有一個美國的因素。外交上，你經過台灣跟美國關係的劇烈變化的過程，到後來你在美國的期間，現在你怎麼看台灣、美國？

錢　復：有一個很重要的事實，我們不要忘記，就是美國在對台灣好的同時，對大陸關係愈來愈惡化，所以當然就有人會聯想到，美國會不會運用台灣來對付大陸，這個可能性不能排除。很不好講的就是美國目前的執政者（川普），可以說是美國三百多年歷史沒有見過的一位，領導人不好好地替國家做事，一天到晚弄一些噱頭，說自己吃奎寧就可以治療新冠病毒。

李四端：他現在停了。

錢　復：現在好不容易停了，本來是一個非常危險的事情，一個做領導者用這樣子的方法來處理那麼嚴肅的問題，新冠病毒可以說是這一百多年來沒有再比這個嚴重的，不可以像這一位領導者用這樣子好像開玩笑的方式來處理，所以我們對於美國現在很憂慮，他到底想什麼，他對於國際的合作是採取什麼一個立場，我們也要弄清楚，所以台灣一方面覺得很高興美國對我們很好，另外一方面也要擔心這個好的背後有沒有危機存在。

李四端：台灣可以有選擇嗎？

錢　復：當然有選擇。

李四端：美國的支持難道不是台灣正所期待的嗎？

錢　復：是期待，可是這個期待你要付出什麼樣的代價，會有什麼樣的後果？好比說一九八八年那個時候，美國有一個財政部長叫Nicholas Brady，提出一個Brady計畫，希望所有富有的國家對於貧窮落後的國家欠的債能夠減免，要求我們出十億美金減免三個國家的欠債，當時我們很明白地就告訴美方這是不可能的事情。什麼原因？因為十億美金在那個時候換算大概是三百多億台幣，是我們全國總預算的四分之一還是五分之一，這個等於是強人所難，而且中華民國國家總預算每一年還本付息，要占到總預算的百分之十一到十二，我們自己也是一個負債國，雖然我們的債是我們的老百姓持有，但是我們也是個負債國，所以用這些理由跟他講，最後一分錢也沒有出。

李四端：所以你在從事外交交涉的時候，一九八九年李光耀前總理對台灣當時的政局以及社會的發展做了一些預測，到今天你覺得那些預測非常有道理？

錢　復：完全正確。光耀先生跟我是多年的交往，從一九七二年他第一次到台灣就跟我開始結識，以後我在外交部做次長，蔣經國先生有任何事情要跟李先生接觸，都是派我去。一九八九年他知道我回來了，他開宗明義就講，我來了三天看你們的報紙不像話，政府沒有一樁事情做的是對的，通通是錯的，沒有一樁事情媒體對它有正面的報導，都是負面的。他說連美國也沒有這個樣子，政府如果真的不對，你可以批評，沒有不對你也批評，那就是媒體錯了。所以我就說This is water over the dam，水已經溢過水壩，你要收回去收不回去了。第二個他就跟我講說，你們現在在經濟上超越大陸十年，要利用這個十年的機會好好地跟大陸有交往，對於未來兩岸關係要在這個十年中間解決。我兩樁事情都報告李總統，李總統笑笑跟我講辦不到，兩個都辦不到，他也不願意跟大陸坐下來談。李光耀願意做中間的調人，所以就沒有。現在已經過了三十一年，我還是對於李先生非常地感佩。

李四端：他那時候所指出的事情，台灣今天好像還在這個發展當中。

錢　復：對，我說論智慧，天底下的各種人跟台灣人比，比得過台灣的不多，可能以色列；

「台灣人又聰明又勤勞，
可是我們把時間耗費在內鬥上，這是很不幸的。」

勤勞比得上台灣的也不多。又聰明又勤勞，可是把時間耗費在內鬥裡面，這是很不幸的。

李四端：我想所有讀者希望你還有第四本書，能夠說出一個是我們變好了。

錢　復：第四本我現在已經開始在準備了。

李四端：第四本就是從你在退休以後，有沒有包括我們剛剛所談到的國家的發展方向？

錢　復：我基本上不是很敢談這些問題。第一個原因，贊成的不會支持你，反對的會痛批你。尤其加上網軍，這個受不了，我已經到這個年齡了，也許我要走的時候我會寫下來。

李四端：不會、不會。我想問一下你在這三本書裡面，形容了不少我們看到的一些官場，他們彼此之間的一些恩恩怨怨，不過敘述都是非常根據事實來講，而不加任何的形容或個人渲染，但看起來李前總統是一個愛惡相當分明的，他跟其他人不太一樣嗎？

錢　復：不太一樣，他真的是心直口快，想到什麼就說什麼，跟他比較相近的是陳水扁，兩個人都是心直口快。

李四端：跟這種的長官好相處嗎？

錢　復：很好，我都沒有什麼不好的批評。當然你一定要找短處，也不能說沒有，但是我看人總看其長、蔽其所短，他有這個問題，那我就躲開這一部分。

李四端：你自己經歷過很多，而且你也有很多的部屬，你怎麼看人？

錢　復：看人，我很感謝先總統蔣公，我在他身邊工作十年，其中有七年他的健康很好，最後三年不好，他知道他在大陸失敗有很多的原因，但最重要的原因是他「不識人」，不認識人，所以他軍隊的祕密，毛澤東都知道，他的部下都透露給共產黨。所以到了台灣，他只要身體好，用人他一定要召見，每一個人走進來，從門口到座位那個位置二十步路，他上下打量三次，已經差不多了覺得可以，就上面畫一個圈，圈就是派了，但是轉過頭來一看，圈擦掉、畫個點，怎麼回事呢？這個人腦後見腮，腦後下有一塊反骨，他是會看相，同時看人走路的樣子，有的人這樣走他不會用，有的人那樣走他也不會用，有的人走路一下露出一雙花襪子他也不用……這一些我都偷偷地學了，所以基本的是我從老總統那裡學來的。

第二部分是我自己，特別我在外交部的時候，人家都說錢部長、錢次長太兇了喜歡罵人，罵人不是個好事，我辦公室放個血壓計，我罵人以後量一量，上面（收縮壓）二百、下面（舒張壓）一百，我是以傷害我的身體來影響他，他哭了以後，我告訴他不要哭，回去努力地工作，哭是沒有面子的事情，他果然做得很好，很快就升官了。所以有人說被錢復罵過的人都會升官，不是這樣，也有罵過的不升官，他不改啊。（笑）

李四端：你的記憶力驚人，是不是靠從小就一直寫日記這個習慣訓練出來的？

錢　復：對，說老實話我很多事情忘了，翻翻日記又回來了。

李四端：你剛剛講到從先總統蔣公，到你的家學，總總的過程乃至於李前總統的栽培，你應該是一個很能夠帶領更大舞台的一位人才、一個領導者，我還是想問你為什麼拒絕了？

錢　復：一個人要知道自己有多重，秤秤自己的斤兩，在台灣這個環境，我不適宜做一個領導的人物。什麼原因？我有一個原罪，我是外省人，我是大陸來的，當然到現在還談省籍已經過時了，但的確這個在我腦筋裡，是一個很重要的因素。

李四端：你的認識都這麼清明！你覺得現代做一位公務員或者說作為中華民國的外交人員，你建議他們的觀念應該如何？

錢　復：基本上一定要愛國，我做外交人員，我是代表國家，所以我不能犯錯，我不能做讓自己害羞的事情，這個是第一個前提。第二個前提就是待人一定要誠懇，一定要講話有信用。第三個你做了這個工作，它是一個無晝無夜、累得要死的工作，你要樂意甘之如飴，同時你的配偶也要能夠體諒你這樣子做。

李四端：所以這本書一開始，你就說是獻給田玲玲女士，跟你結縭了五十七年。

錢　復：五十八年了。

李四端：部長，這麼多年的公職下來，你自己最滿足是什麼？

錢　復：我不敢說有什麼滿足的，我也不敢再囉嗦，我就是指出來，在我這一本回憶錄，看到最後有個故事，那個故事代表從一九七〇年代到二〇〇四年，我對於巴拿馬這一個國家下的功夫；從二〇〇四年當選的總統的祖母開始（幫她找醫生），到一個副總統、外交部長的爸爸。本來這個新當選的總統已經要跟我們斷交了，我二〇〇四年六月去把他挽回，多延長了十三年。這一點，我就覺得這是「真正一個外交官」，交朋友是一輩子的，不但是這一代，還要下一代，還要再下一代！

（二〇二〇年六月）

線上觀賞

SCAN ME

龍應台：

心靈要保留一塊地方給文學

·端哥開場

華人世界擁有極高知名度的作家龍應台，在屏東潮州完成了她的首部長篇小說《大武山下》。龍應台像一隻在都市裡游離數十年的倦鳥，為了陪伴生病的母親終於倦鳥歸巢。她深切的感悟說：「我們所有人都是——緣那麼淺、愛那麼深。」

視角一向犀利的龍應台，在《大武山下》一書寫了一百五十八種植物，一百零八種動物。她說：「我們腳踩這塊土地，但從來沒有用一種謙卑的態度，好好去認識這塊土地上的動物和植物。他們每天在我們眼睛範圍之內，我們卻從來沒拿正眼去瞧過。」龍應台透過這本書讓我們體會到，身處這塊土地，我們應該用不同的視角看事情，就會有更多更全面的了解。

身為創作者，龍應台有自己的期許：「創作者是做什麼的？他能使你看見你看不見的東西。你平常視而不見、聽而不聞，知道卻沒有感覺的東西，透過創作者的文字，能使你突然看見。」文字的力量能夠讓讀者了解，用最柔軟的心去感受。即使人生緣淺、愛依舊深。

李四端：非常高興請到龍應台來到我們節目，談她最近三年在屏東的生活、在當地的思考以及最新的一本著作《大武山下》。我知道你住在屏東潮州三年多了，但是我們今天準備的是萬巒豬腳飯，也算潮州的鄰居吧？

龍應台：萬巒賣豬腳的這三個店，離我住的地方二公里。

李四端：潮州當地其實最有名的應該是牛肉吧？

龍應台：潮州是牛肉，但萬巒是豬腳，萬巒豬腳有名到一個程度其實有點好笑，因為萬巒這個地名應該是很美的「萬重山」，可是只要講到萬巒，大家想的就是豬腳。

李四端：三年多來，你主要是陪伴失智的母親？

龍應台：對，三年之前，其實我長達十年的時間是每兩個星期一定去看她，不管是從香港還是從台北，久了之後就覺得兩週一次有點像虛應故事。有長輩的都會知道，就是她已經不認得我了，因為沒有辦法跟她對話，你就坐在她的床邊，然後自己滑手機，滑完手機之後再見，就走了。這樣的日子過了幾乎有十年，之後我就覺得既然我也沒有公職在身了，那我留在台北幹什麼，那個時候發現說其實天底下最需要我的人是在潮州，所以就下了決心，帶著我的兩隻貓就開車走了。

李四端：所以你後來誕生了一本書《天長地久》（二〇一八年），寫的就是給母親的十九封信。其實那本書我倒覺得你特別講到那是給年輕人，告訴大家：當你的雙親還在的時候，為什麼我們沒有想到多陪伴他們一些時間，而不是到自己成長之後，他們年邁了。

龍應台：寫《天長地久》的時候，都已經六十多歲了。我回想到在我四十歲的時候沒有人先提醒我，就說那一天會到來，你要早點做。所以《天長地久》就是，現在我來提醒四十歲、三十歲的人，你還有機會，不要等了。

李四端：你說是寫給年輕的讀者、提醒他們，應該很多人得到你的訊息了吧？

龍應台：有，確實是很多年輕的讀者寫信給我，說真的是一語驚醒他們，反響滿大的。

李四端：這次你還帶來另外一個禮物，不過我想會造成很多人都要搬到潮州，要搬到大武山下去了，這本書叫做《大武山下》。大武山，我們知道就在屏東跟台東的交界處，台灣最著名的五嶽之一，但是我要先問一件事，《大武山下》這本書為什麼我拿到的封面跟你帶來的封面不一樣？這兩種封面有什麼特別的寓意在裡面？

龍應台：剛交稿給出版社編輯的時候，老實說，所謂的首部長篇小說，不管我做作家多少年，心裡還是有點忐忑不安，萬一編輯露出勉強的假裝喜歡的那種臉的話，你就會很難受。

李四端：會嗎，有人敢對龍老師勉強嗎？

龍應台：但是跟他們第一次見面之後，他們表達出來就是欣喜萬分，而且是真心的，你就很高興。他們都真的是讀了好多次以後，提出來的建議做兩個封面版本。因為這個書有很多不同層次的解讀，有一種是比較正面端莊、比較嚴肅的解讀，也就是大家心目中傳統的龍應台，就是這個「遠山版」，好像很有境界，很正派。他們提出另外一個版本，當你真正進入這個小說之後發現，這本小說的內容其實是非常地多元跟奇幻。

李四端：天地萬物都有。

龍應台：天地萬物都在裡面，而且真的、假的、夢的、醒的，存在跟不存在的都在裡頭，他們覺得比較能夠抓到這個書的內容的，其實是這個版本，編輯稱為「繽紛版」。

李四端：我也覺得。我想觀眾一定要去看才知道這裡面的故事。就以這個「繽紛版」封面來講，你在說什麼樣的故事？

龍應台：我在說第一個：時間是非常奇妙的一個大迷宮，有好多個線索跟好多個層次，所有的事情都發生在這個時間的河流裡頭，這本書表面上你看前面的時候說這是一本關於生活的書，可是讀第二遍，你可能說，這不是關於生活的一本書，而是關於生命的一本書，而生命就是時間嘛。

李四端：我相信每個讀者到你前面，他都有一個解讀，這也是作者最大的期待。

龍應台：對，你的解讀是什麼？

李四端：我的解讀，其實這本書你談到的是回家的一個路。這裡面故事主角的家，最後他們走到，從生命開始的地方，回到生命終結的那個地方，你談的是一個生命的開始跟終結，正如同大武山它是我們台灣原住民，你特別講排灣族，他們的生命是從那個山上、聖靈之山，最後所有靈魂要回到大武山去，我不知道我的解讀對不對？

龍應台：四端你如果來上（書中）那堂作文課的話，你會得九十九點九分。

李四端：太好了。為什麼不給我一百分呢，我差了什麼？（笑）

龍應台：先講你對的部分，它確實是一條回家的路。你如果把家定義為身心相屬之地叫做家的話，確實整本書是有很多條，用英文來說是Journey這個概念，它是個旅程。這個女孩兒的魂是一個旅程，這個中年進入初老的敘述者是一個旅程，那裡頭的排灣族的靈魂是個旅程，那條古道是個旅程，時間的河流是個旅程，所以你說得實在太好。

李四端：《大武山下》這本書其實簡單的說，就是一個作者她在生命中的困惑，然後她回去找她的師父，這位師父住在香港大嶼山，然後師父跟她講得很微妙：人在塵世間有很多塵埃，你去找個地方待個兩年、三年，自然會找到答案。說的不是你吧？這本書一開始到最後都是這位敘述者在寫作者的故事，我想很多人會聯想到這個作者是不是就是龍應台老師自己？

龍應台：這個作者不是我，為什麼？第一，這個作者是一個不知名的作者，連她要出書都沒有人願意幫她出書，書出了之後連二百本都賣不掉，還要自己花錢買她自己的書。還有呢，這個作者見了那麼多的鬼，我沒見過鬼。

李四端：可是這本書裡面有一句話非常棒，談到鬼了，你講作者有特別的眼睛，能夠看到別人所看不見的東西。這句話在書裡面給我的印象最深。你透過這本書想告訴我們這些讀者所沒有看到的是什麼？

龍應台：如果問創作者是幹什麼的，其實有一個真切的答案就是，他使你看見你看不見的東西。就一個作者而言，他能夠做到的就是，你平常視而不見、聽而不聞，知道但是沒感覺的東西，透過他的文字使你突然看見。我覺得看見這件事情是一個核心的藝術功能。

李四端：但很可能每個讀者所看見的未必一致。

龍應台：正好啊，他們看見不同的東西。有的人看這本書，他看前半段哈哈大笑，其實我寫這本書的前半段，我自己也一直在笑。

李四端：我看到好笑的是，裡面很多反諷的劇情在描寫一些人物，尤其那個員外，員外其實是個很好心的房東；既然談到這個，讀者可能要找潮州市的地圖跟著書一起來看，這本書你創造了很多似虛似幻、似真似假的一些東西，然後你自己手繪一個地圖配合在書裡，地圖上所有都在書的故事裡面發生，我去找了一個潮州市的真正地圖，刻意要兩者比對一下，我發覺真的有出現甚至名字都一致，這也是當初你寫作的時候刻意埋下的有趣伏筆嗎？

龍應台：是，我希望大家去按圖索驥，所以四端你如果來到潮州，我帶你騎腳踏車走一趟。我當時的動機只是因為，你知道在寫小說是用文字，我會寫這個小鬼騎腳踏車出來的時候被阿忠給撞到了，但是我要寫的阿忠是從他的左邊還是右邊出來，他的校門那就牽涉到校門口對什麼馬路，我在寫的時候就又左轉然後右轉，然後又九十度轉彎，那邊東邊是大武山，這邊有香蕉園，轉彎的地方還有一棵茄苳樹……我自己給搞糊塗了。後來回頭檢查的時候發現，照著我的文字走不通，怎麼左轉的時候又左轉，然後到最後回到原點不是那個茄苳樹？所以我才決定自己畫地圖。

李四端：所以這個地圖，後來是一直在延伸的？

龍應台：對，比如說後來寫到屍體被發現的地方，當然必須要思考的是，屍體在什麼地方發現，後來在藝術的張力上面決定了那個地點的時候，那又要回來看地圖，到底是在哪個地方，選哪個點？所以那個創作的過程是很好玩的。

李四端：你以前創作的時候有畫過圖嗎？

龍應台：有，甚至讀書或者做筆記、走田野，我都是一個會記筆記的人。那個圖就是我的筆記。比如說寫含羞草，我一旦要畫的時候，它的葉子到底是互生還是對生，你不能亂畫，很少人知道含羞草會開花，更少人知道含羞草的花是粉紅色的像粉撲一樣，那我知道，可是要怎麼畫它？就是說到底花是像蒲公英那樣，但是它多大？我是為了讓我的文字更精準地，所以有草圖在我的筆記本裡。

李四端：其實你真的可以出一個大武山下畫冊，對不對，看看你畫的食蟹獴，潮州有這個嗎？

龍應台：大武山上，有名的。

李四端：你看到了嗎？

龍應台：看到了。

李四端：作者有不同的眼睛，你告訴我了。再次證明你的眼睛能看到我們看不到的。

龍應台：我在那個古道上看到牠，然後牠也兩個眼睛看著我們，我一要靠近，牠就溜走了。所以回去之後我就想說不行，牠到底長什麼樣？我知道牠有兩撇白鬍子，這兩撇白鬍子長在脖子裡呢？長在腮上面？還是長在耳朵邊呢？得畫了才確確實實知道，都是這種目的才畫。這些東西是後來被編輯發現了，說這太珍貴了，應該要發表。

李四端：但這次在書裡面看到的太少，應該多一點喔。

龍應台：不好意思拿出來，因為覺得就是自己亂弄的東西。

李四端：你擔不擔心有人拿著你的書，比照你的手繪地圖，在屏東潮州市區東找西看的，拿個GPS到底在哪裡，有沒有？

龍應台：有一條沿山公路叫185公路，我還特別寫了185公路的金石咖啡，是我跟巫婆見面的地方。金石咖啡的老闆告訴我說有人拿著地圖找到那兒去了。

李四端：潮州市的觀光單位或是屏東觀光局應該要特別感謝你，因為這個一定會造成轟動。

龍應台：當時寫的時候是有心的，希望讀者多認識一下我們自己的土地。

李四端：我剛開始看的時候，我就想為什麼龍老師要寫這麼多的動物跟植物？後來發覺你有特別的用意，我從你的書第一次知道黃鼠狼的毛就是我們用的狼毫毛，我從小寫毛筆真的以為狼毫是從什麼灰狼上面取下的毛做成毛筆，原來是黃鼠狼；我也第一次知道貓有十八個腳趾，你為什麼要告訴我們這些？一定有人幫你算過，你到底裡面寫了多少的動物跟植物？

龍應台：有厲害的讀者算過，總共有一百五十八種植物，一百零八種動物，還有一種既非動物也非植物。

李四端：既非動物植物那就是鬼了？（笑）

龍應台：是真菌啦。就是樹的根裡頭有一種真菌，傳達樹跟樹之間的訊息，它非植物非動物。

李四端：為什麼要這樣做？你剛剛講的是讓大家去認識土地，這本書有如一個自然的博物館，它已經超過鄉土技術的這種精細度了。

龍應台：我們腳踩這個土地，但是沒有一種謙卑的態度，認真去認識這塊土地上我們的「同胞」——動物、植物是我們身邊的、每天在我們眼睛範圍之內的存在生命，我們卻不拿正眼去瞧過它們。

李四端：透過這本書的文字，讓我們知道在這方面的了解有多貧乏。

龍應台：我們不應該那麼地不了解我們依靠它生存的這整個環境吧。

李四端：如同我前面所講的，一位作者她在潮州居住之後，碰到了一個帶著未完之願的冤魂，這位冤魂是一個十四歲的少女。這個故事跟你去潮州陪母親居住的這段過程當中，有任何的相聯繫嗎，為什麼會想到人鬼相遇的這麼一個情節？

龍應台：你或許想問的是，我為什麼選擇的亡魂不是比如說林爽文革命事件裡被砍頭的一個將軍，或者是荷蘭人所迫害滅族的小琉球的原住民，就是比較嚴肅的、道德高大上的？

李四端：你選的是一個初中女生。

龍應台：我選了一個初中女生，一個小女孩兒，可能跟我心裡一直存著的一個願望有關。我認為我們成熟的作家都應該很鄭重地、嚴肅地為十幾歲的少年寫書。華文世界給少年讀的真正好的文學其實很少，要不然就是兒童文學，要不然一下就跳到成人的文學，很多年來都有這樣的感覺。

李四端：你書中寫的這位少女後來遇害了，這是個命案，遇害的過程你也寫了，可是她最大的遺憾是在遇害的當天早上，她跟她母親有一段非常不愉快的爭執，到最後她的母親也是處於失智的狀態活在人世。她透過這位作者，去跟她母親做最後放下的化解、放下的歸宿，這個好像又投射到你在潮州居住的故事，你自己也覺得我們對父母親，在他們年輕的時候有太多太多事，我們發生遺憾而沒有去化解，這個小女孩是不是又轉回到你自己敘述親情的故事？

龍應台：我們身邊的人有這種遺憾經驗的人太多了；你不要說高雄氣爆一爆死了那麼多人，早上分手的時候你不知道他回不來，或者是一場車禍、或者是前幾天發生二十一歲的小警察出了門就不回家了，這種遺憾每天都在啊。

李四端：我覺得最感人的就是，她媽媽聽到作者在回溯的時候，轉達那個小女孩幽靈給她媽媽的告慰之後，你寫了她媽媽流下淚水，即使失智處於人生最後的尾聲幾乎僵硬的時候，她聽見了那個訊息，所以我們現在好好活的時候，為什麼不去做那些不要造成後悔的事情。

其實這本書還有一個非常精彩，你裡面假設那位作者跟你一樣，你在潮州也去學校教他們作文課對不對？

龍應台：我是真去了。

李四端：這本書中的敘述者到了一個虛幻的學校教作文課，她給所有的年輕學生出了十九道題目叫他們回答。如果年輕人來看這本書，這十九道題目是不是就是你希望他們好好地想想看自己的回答是什麼？

龍應台：在歐洲跟美國的學校制度，它的課綱裡頭就有少年哲學跟兒童哲學的課，是正式的課，從小就教你思辨，我們這裡沒有。這十九題裡頭很多是典型歐美的兒童哲學課的問題，譬如說有一棵樹在深山裡倒下來了，那個深山是沒有人去得了的地方，請問它倒下來的時候有沒有聲音？這些是兒童哲學可以教的，但是因為我們的文化裡從缺，所以書寫的時候，我其實是幾條線裡頭有一條很重要的線，我希望少年人還有國中的老師們，帶你的孩子、你的學生來探討一下，這種思辨的問題。

李四端：我也列舉了幾個題目，當作我今天想問你的問題，第一個，如果可以給世上所有小孩一個禮物，你想給什麼？我們不如轉一個題目，如果你想給讀者一個禮物，這本書你想給他什麼？

龍應台：如果是台灣的讀者，我特別希望台灣讀者的心靈，從我們現在時局的政治全面籠罩裡頭，把自己的心解放出來。請保留一定的空間給政治以外的東西，比如說文學。

李四端：接下來的問題剛好可以呼應這個，你覺得世上最噁心的是什麼？不會是政治吧？

龍應台：應該先說第一我最怕蛇，不要讓我見到蛇，見了就怕。其他最噁心的——名列前茅大概是偽君子。

李四端：這本書裡面講了很多在潮州當地，五萬人的一個小鎮，但你把它寫得真是豐富得不得了，潮州最盛產的水果是什麼？

龍應台：香蕉跟鳳梨最多。

李四端：書裡面我有幾個想求證一下，你說潮州的警察局，因為信仰的關係，警察局的後面有一個在樹幹底下的小廟，警察辦案可能也去廟裡面求一求，這是故事想像，還是真實？

龍應台：我如果跟你說是真實的，我很擔心警察廟裡頭的警察會忙得不可開交，他們會怪我。如果說不是真實的，那我就在說謊，對不起，它是千真萬確的。

李四端：但你強調的是當地人對信仰的堅定，信仰的力量。

龍應台：對。

李四端：另外就是作者投宿的那一家什麼咖啡館？

龍應台：寂寞咖啡館。你是不是要間接問我有沒有員外這個人？

李四端：我就是怕有人到時候拿著這本書到處去指引方針，有人會不會懷疑這本書上寫的不就是我嗎，我跟龍老師那天擦身而過把我寫進去了，有沒有？

龍應台：小說原型不是一對一的關係，這個小鎮有這麼一個人，所以這本小說裡有這個角色。小說裡頭的人常常會是三個四個五個人的綜合，變成小說裡的角色。或者是原型裡頭有一個人，他變成二個三個不同的角色。

李四端：你不願意去指定有一個人，真的我把你寫在這裡面嗎？譬如說那個市場的人，或者是有通靈本領的阿瘦？

龍應台：像阿瘦也是幾個人的綜合。

李四端：你這三年來把所有人都寫進去了。

龍應台：寫小鎮的時候，我自己是一面笑一面寫的，我必須跟你說，是的。

李四端：接下來我們要談比較嚴肅一點，一九七七年在屏東的內埔，發生過一個初中學生的命案，當時轟動台灣，破案的過程引起很多的爭議，她也是十四歲。這個案子跟書中故事有沒有連結，或者是在你寫作過程中發生了影響？

龍應台：開始的時候我是想要把那個所謂的平行世界的感覺寫進來，然後又要寫個亡魂，我又希望吸引少年進入文學，再加上我一直想寫一個推理小說，所以這幾個因素加進來，使得我本來就在做準備要寫一個跟謀殺案有關的故事。在準備過程中，有一天跟我哥吃飯，我們一天都見不到面，吃飯時就聊聊天，我問他說我要寫一個命案，那你知不知道屏東有沒有什麼真實的案件？他頭也不抬地吃他的飯，然後說「鍾正芳」。我聽到這三個字，就回頭去查，查了之後就深入了解，連判決書都看，所以這個事件給了我原來已經在進行的謀殺案靈感。小說裡頭呈現的完全不是真實新聞裡頭的東西，它是小說，但可以說那一個案件給了我很大的文學靈感。

李四端：可是書裡面你提到這個命案，與其說是著重於犯罪的推理，你講的反而更多是愛。愛是什麼？

龍應台：我不見得答得出來，你知道這裡頭到最後這幾個人的角色，譬如說小鬼（受害的女學生）跟她父親之間的愛跟遺憾，跟她母親之間的愛跟遺憾，然後她為什麼後來會以亡魂存在，還叫這個敘述者去看那一個她認為被冤枉的人……這些並不是我在開始寫作之前，說我要表達愛、我認為愛就是寬恕和解，而所以要這樣安排，不是的；它是有點像我進入這個森林，森林裡頭有幾百條的岔路，進到這三條岔路，要做一個選擇，左轉還是右轉，一旦在這個路口選擇右轉，到了下一個路口又要做抉擇，所以這個小說的發展就會是我一直在做抉擇，它就一直走一直走，我並不知道它最後從哪個口出去，到最後我寫完了。回頭來看的話我會同意你說，你如果說其實時間這件事情，生命的意義在這本書是一個主軸，然後到最後你看到了最核心的一個東西，一定要挑的話，你看到的是愛，我會百分之百地同意。這個愛，其實可以解釋為慈悲。

李四端：談到慈悲，這本書還有一個很重要的從第一篇到最後一篇出現，就是這位敘述者的師父，這位師父住在香港的大嶼山，你為什麼要把他設定在香港？

龍應台：我在香港工作生活了九年，對香港有很深的感情，剛好二〇一九跟二〇二〇前半年因為反送中，後半年發生疫情，到現在都沒有辦法回去。二〇一九到二〇二〇年在我寫作的這整個過程裡，香港是整個變了，時代變了，所以這本書之所以從香港開始、以香港結束，是我用我個人的方式在紀念那個我所熟知的香港。

李四端：現在聽你一說，我發覺不僅是那些一兩百種植物動物，其實你在告訴我們：生命中還是有一些東西不會變的。住在潮州的這些人，他們跟土地之愛，他們堅守他們的生活，那個不會變的。親情之愛是不會變的。人世間有很多的後悔是不會變的。最後你怎麼在後悔當中去找到那個愛，這個後悔應該也反射了你的心靈吧？

龍應台：你講得真好。整本書如果要說最核心的東西，其實就寫在書的封面：「有一天你進入最後的、絕對的黑暗，從黑暗往回看那有光的地方，你就會知道其實我們所有的、所有的人都是——緣那麼淺，愛那麼深。」整本書都在講緣分很淺，這個亡魂跟她父母之間，她的父親跟母親之間，所有的人還包括你說的這一個師父，從一九四九年的大流亡然後進入香港的深山，不管是跟歷史、跟自己的家人，跟你的社會、跟你自己的過去，可能有一種說法是愛很深但是緣很淺，這個小鬼（亡魂）是倒過來說，你要知道其實是緣很淺，但是愛很深。

李四端：所以書裡面還是有很多歷史的環節，有很多時代的伏筆在裡面。我愈聽這本書蘊含了相當豐富的力量，你最希望我們看到是悲還是喜，是哀還是傷？還是那份土地之愛，那份動植物自然界的生命中很奇妙的故事，還是生命中很多的不捨？

龍應台：這一本書我其實可以讀五次。

李四端：我還沒到五次，但是我第一次是查到底這事情是什麼，第二次我去把故事連結，第三次我去查地圖，第四次我慢慢懂了這本書其實不簡單耶，你有很多的預期在，但你用非常淺顯的文字，但實際上也不淺顯，裡頭還有國文老師上課糾正我們文法的錯誤。

「只要你還在有光的地方，
你真的要用一個最柔軟的心去感受它，
因為你沒有柔軟的心，你什麼都感受不到。」

龍應台：我願望是寫一本深刻的作品，可是一定要好看，好看到十四歲的孩子國中生願意去看，而且開計程車的、賣菜的願意看，我本來在定這個書名《大武山下》之前，曾經想過是不是定這個書叫做「有光的地方」？因為這本書從前面的人物的鮮活、生活的、可笑的跟可怒的可泣的，種種的遺憾，到後來進入很深層的生命的背面，其實都可以解釋為這是一個我們現在同時在「有光的地方」，只要你還在有光的地方，你真的要用一個最柔軟的心去感受它，因為你沒有柔軟的心，你什麼都感受不到。如果你沒有這個認識，你不用你最柔軟的心去感受這個有光的地方，我們很快就進入最後的黑暗了。

李四端：所以你是想給大家帶來一個希望？特別是那些每天生活覺得自己沒有希望的人應該好好看這本書，特別是住在北部的這些人，我想問這三年你的信念有變化嗎？

龍應台：當然有啊，我去的時候帶著在台北尤其在政壇裡頭的心靈創傷，帶著很多的失望跟懷疑，我是真的看到大武山，它雖然仍舊跟中央山脈一樣在長高，可是相對之下它就是一個在天地之間穩穩在那的，不被你的翻雲覆雨所影響的。你看到在山腳下生活的人，打雷下雨甚至改朝換代，一月二十一號他下田去，插秧的日子到了，就是說一月二十一號不管台北插了什麼國旗，他要下田去。我們在台北的時候，可能在北京或什麼任何一個政治的中心都會有這種感覺，你會被一種漩渦所圍繞住，因為你在漩渦的中間，你會以為全世界就是這個東西。

李四端：其實並不盡然。

龍應台：對，這本書能不能夠幫助讀者從那個漩渦中抽出來，看到更大的一個視角，才意識到原來剛剛你是在那個漩渦裡頭。你知道常常在大武山腳下，烏雲密布就覺得今天這一天真是陰沉極了，但是你如果開車上山，只要到了那個雲的上面，一片豔陽藍天白雲，就看你的視角在哪裡。

李四端：我想問媽媽現在怎麼樣？

龍應台：媽媽當然是愈來愈弱，本來還可以扶著她走，現在就不能走了，但至少還可以坐輪椅，要有人照顧、翻身，定期按摩什麼的。

李四端：其實她才是這兩本書，最大的一個起源動力。

龍應台：這是母親（美君）送給女兒的禮物，在女兒完全不知情的狀況之下。二〇一七年的八月一號，我開車下去就在那定下來的時候，就是為了陪她，我沒有想寫作的事。現在回頭這三年中是為了陪她出了兩本書，我自己還滿意外的。

李四端：這本書裡面有很多媽媽角色，她們可能是平凡賣菜的，開理髮店的都是媽媽，還有最後這位小鬼的媽媽。母親之愛是永遠不問代價的。

龍應台：最深沉的愛。

李四端：所以潮州生活這三年給你身上帶來了太多太多的影響？

龍應台：給我很多的陽光，給我很多的快樂。我相信這是唯一的一本屏東小說吧。但是你知道，生活不是沒有困難的，這書裡頭的人物其實每個人都有他辛苦的一面，但是你要進入到生命跟生活的本質去看的時候，它有另外一種可能。

李四端：究竟這三年潮州生活，你心中沒寫進書中的話是什麼，有沒有？

龍應台：滿好笑的，反而是一句我以前在做公務員的時候，我很相信的一句話：我覺得一個社會、一個國家真正的幸福，是要看它的鄉村是否幸福。你如果讓你的這個國家、這個社會的鄉村幸福了，你才是真正的幸福，不能夠只看都市。

李四端：但潮州顯然是幸福的。

龍應台：要看跟誰比。你如果跟北京來比，所謂低端人口會被趕出去，那潮州當然是幸福的。但是你如果從別的角度，譬如說大武山部落裡頭排灣族的孩子他的未來，你看書裡頭講到那個去拿豬肉的三個少年，三個少年他們的未來是什麼？非常地窄啊，不是去做一輩子的建築工人到他哪天受傷了，就是去當兵，他沒有什麼出路的。所以說我們要讓所謂鄉村幸福的話，其實要下的功夫還有很多要做的事情。

李四端：這本書給你帶來一個嶄新的嘗試嗎，如今看到它完成了，很快樂吧？

龍應台：很快樂，因為我受到讀者，包括不認識的讀者以及好朋友，很多來自他們的鼓勵讓我很開心，當然我本來就很用心。而且我要寫得好看，我就是要十五萬字，你上一次讀十五萬字的小說是哪一年的事？

李四端：十五年前？（笑）

龍應台：所以你願意一口氣把十五萬字的一個故事讀完，就是讓我最開心的事情。

李四端：我要提醒我們的觀眾，看這本書未來要帶很多的道具，而且最好你要到屏東的大武山腳下去走一趟。

龍應台：真的，這本書我最希望的是讀者你可以帶著書走一趟屏東，潮州或者大武山。另外一件事情就是讀小說，你心裡一定要留一塊柔軟的地方給文學，因為文學本身就讓你的靈魂溫潤。

（二〇二〇年八月）

線上觀賞

SCAN ME

黃珊珊：
我喜歡為民服務，比醫生還要冷靜

‧端哥開場

二十多年服務選民的從政之路，讓前台北市副市長黃珊珊更堅持，為民服務就是她的人生態度。她說：「我真的很喜歡做服務，我真的很喜歡公共事務，我真的很喜歡去改變我覺得應該改變的事情，花再多時間也不覺得累。」她是真的很喜歡服務，而且說三遍。

曾經生過一場幾乎要她命的大病。走過鬼門關，黃珊珊更溫柔、堅定而且豁達，「明天會怎樣我不知道，所以每一天我都要當成最後一天活著。我要活得很精采、很夠本。」黃珊珊用正面的態度迎接每一天，她也用積極的態度評述柯文哲市長，「柯文哲比較沒有私心，我們是夥伴關係，我們是互信的，一起往正確的方向走。」

黃珊珊來過大雲時堂兩次，每次給人的感受都是俐落灑脫。她的個性直爽、稜角分明，確實有一種女中豪傑的氣魄。問政認真、做事充滿行動力的黃珊珊，或將在未來的人生道路上，帶給我們更多驚喜。

李四端：我們特別在台北市街頭訪問了幾位市民，發表他們對黃副市長的印象跟期待。基本上有一半的市民對你不是那麼熟悉，但是對你熟悉的人，他們又有一半的人認為你是不是做得太多了一點，讓那位真的該做事的人沒做。你自己在台北市街頭得到的感覺跟我們剛看到的採訪影片一樣嗎，似乎市民對你的了解程度還有待加強，雖然你做了二十一年的市議員（一九九八至二〇一九年）。

黃珊珊：因為這二十一年的市議員，我都在我的選區內湖跟南港比較多，去到全市的地方幾乎比較少。我現在當副市長才發現台北有好多地方還沒去過。

李四端：換一個角度看，媒體也說你不是一天到晚去打新聞的一個民代。

黃珊珊：民意代表很多種，你選擇要當哪一種，我選擇當自己。我選擇的是做實事，每天做我的法律服務，做我的選區經營，大概二十年前我還會做一些記者會，其實後來我們都是非常扎實地在地方做事情，選舉時幾乎不太需要靠宣傳，因為平常在地方做的事情，都已經讓選民能夠認同了。所以你很少看到我開一個記者會對什麼東西來指控。

李四端：你畢竟也投入過兩次立委選舉（二〇一二年、二〇一六年），所以知名度對你來講在不在意？

黃珊珊：我覺得當了副市長（二〇一九至二〇二二年）是我知名度最高的時候吧，應該是全台灣最有名的副市長，其他縣市副市長可能叫得出名字的也沒有幾個。人生沒有什麼事情你一定要什麼，因為不是你要就可以強求得來，所以我當然先把我的工作做好。如果你沒有能力，有知名度也沒用。當知名度跟你的能力是兩極化的時候就會產生，比如說韓國瑜效應，重點在於知名度高有意義嗎，你知名度的高是好東西還是壞東西，當它發生了一些效應之後，其實還是回到一個最原始的，你到底有沒有能力把事情做好。

李四端：你的解釋就是與其知名度，我不如要一個做事的名聲。

黃珊珊：是啊，我覺得至少你要先會做事，連事都不會做，你還要想什麼呢。

李四端：我們的同仁們擬一道看似很簡單的題目，但是我覺得用在你身上應該格外有意思。如果今天碰到一位真的不認識你的人，你怎麼向他介紹自己？

黃珊珊：我是珊珊，然後介紹自己：我雖然是市議員但其實我專長是律師，如果你有什麼需要服務的話不要客氣，我很樂意幫助別人。大概是這樣的一個角度吧。

李四端：你是家裡最小的孩子，而且家庭當中有四位都跟軍職有關，唯獨你沒有？

黃珊珊：六個小孩，四個軍人。

李四端：在家庭相處與成長過程中能不能夠看出一些你行事的個性跟作為，你是一個女俠嗎？

黃珊珊：應該說家裡人就知道他們要保家衛國，爸爸、哥哥、姊姊全部反正過年過節都不在，因為要加強戒備，所以就覺得保家衛國非常重要。第二個是從小就會理解一些國家的責任，因為看到他不在，他在前線什麼的，覺得我的哥哥爸爸真偉大，當然你也有這種驕傲的感覺，我們也應該跟著保家衛國，那種心情是一樣的。

李四端：剛剛談到自我介紹，你說我是黃珊珊、我是律師、我願意幫助，但如果自我介紹詞加一個：我有五個兄長姊妹，他們其中好幾位都在軍隊服務。可能讓人馬上聯想這個女孩子個性很強喔。

黃珊珊：在沒有被人家知道他是我哥哥之前，我從來沒有介紹過我的家人。

李四端：你指的是黃曙光上將，他是參謀總長。家裡有一位四星上將絕對會對家庭氣氛有影響吧？

黃珊珊：沒有什麼影響耶，就是覺得他又升官了而已，他從少將開始升中將、上將。

李四端：你同樣是做事不苟且，重視榮譽，嫉惡如仇？

黃珊珊：會，而且我當律師就是因為不想為了金錢必須接某些案子，所以我才跑出來選舉。

李四端：你高中念北一女，大學念台大，這又可以說明一些你的個性：既然我是一個自我要求的人，我也希望你跟我共事，應該也要到達一個水準。而你從市議員做起，面對到很多官員，他們可能跟你來自於不同的成長，對生命可能沒有那麼高的要求，你能忍受嗎？

黃珊珊：官員他們跟人民之間有一些距離，議員就是在中間當一個調和劑，我常常說我是翻譯機，就是你講的話他聽不懂、他講的話你聽不懂，我來幫你們翻譯，所以我覺得是引導他，然後達到你的目標。我不會認為人家比我差，大家都有自己的長處，各行各業都一樣。

李四端：這麼多年的服務工作有把你的性情稍微磨了一些？

黃珊珊：磨得很透。我是一個滿叛逆的小孩，當然也是一個很倔強的律師，選舉對我來說真的是磨性子，而且二十年的民意代表，讓我更理解到這個社會有各種不同的成分元素在裡面，你必須要一個一個去了解它，你才能夠達到你想要做的事情，否則就只在一個角落你會看不到全貌。我二十年前真的會拍桌子把人趕出去，但是我現在脾氣磨得很好，有時候開會也是很生氣，我就站起來、深呼吸、走一圈，出去透透氣兩分鐘之後再回來，我的心情就會平靜下來。

李四端：你現在在市府開會還會這個樣子嗎？

黃珊珊：會啊，有時候真的就講不聽啊，大家吵一團，但你吵也沒有用啊，我後來發現罵人跟吵都沒有用，你要讓他知道你願意解決問題，你要讓他知道你的想法是什麼，然後自然慢慢就會達到一個共識。我覺得事在人為，你也可以吵架罵人，但是沒有辦法解決問題。你要帶領他有一個方向，而不是讓他自己在那邊轉。

李四端：你對同仁做出最嚴厲的口吻是什麼？

黃珊珊：「我出去走一下」。（深吸一口氣）

李四端：剛剛聽有一位市民對你的觀察很有意思，他說你是不是有老二哲學？

黃珊珊：我覺得市長有他的想法，我們則要把事情完成，有一些事情本來就是分工。我們有事情都會討論，可能討論得很激烈，市府是一個滿開放的地方，大家都可以表示意見，所以應該是說站的理由對，其實市長都會聽，也不用跟他吵架。就是把事情講出來，同樣的事情人會有不同意見是很正常的。

李四端：我們的觀察，他是一個很直話直說的人，而且他會把他的心裡話直接掏出來。你用什麼原則跟他共事？

黃珊珊：跟他共事反而更簡單啊，就是直話直說，你有話直接告訴他。拐拐繞繞的對他而言並不喜歡，我們也覺得那樣子很累。反而我覺得跟他共事是最簡單的事情，因為他很簡單，所以我們很簡單地去想就沒事了；你去把他想成很複雜，他就會很複雜，其實市長就是非常簡單，你有事就講，講了就討論。

李四端：你跟他有過最長時間的交談嗎，還是你們直話直說五分鐘全部結束？他會不會問候你們？

黃珊珊：我們有時候會聊一兩個小時，市長其實是會聊天的。那時候我生了一場病，還去採檢啊，他有一次寫字條給我說：這段時間忙完之後，我要強制你休假。他說我還沒有休過假，叫我去休息，這樣就覺得很感動，因為這是他最好的稱讚了。其實我覺得他是一個很溫暖的人，只是他不會表達。

李四端：那你又怎麼知道他很溫暖，既然他不會表達？

黃珊珊：比如說這個犯了錯要懲處，懲處名單已經弄好了，然後他就看一看，會抬起頭看我說這個真的要懲處嗎？我說市長這個程序都跑完了一定要懲處什麼。我都覺得我比他還要硬心腸，但是市長會認為這也不是故意的。他其實是會放在心裡，但是他不會去表達說他很關心。

李四端：但這跟外界的印象有一點差距，媒體常常形容說你是溫柔版的柯文哲。現在看起來他是溫柔版的黃珊珊。

黃珊珊：我們可能比較容易表達出自己的關心，只是他不會表達那個溫度，他的關心會放在心裡，他可能偷偷去看，他都不會講。

李四端：這下子可以把那位觀眾的疑慮消除了，你絕對不是老二哲學。

黃珊珊：我覺得我跟市長應該算是夥伴關係，我們是互信，然後有事情共同討論，大家一起往正確的方向走。

李四端：私底下他有沒有跟你談過，欣賞你哪一點行事風格？

黃珊珊：我在選立委的時候，他曾跟我說：你怎麼看起來這麼淡定？我說：市長因為你看了太多生死，所以你很冷靜；我生過一場病，我是經過生死，所以我比你還要冷靜，而且我非常豁達，明天不知道會怎麼樣，我每一天都要當成最後一天活著，要活得很精彩很夠本，那些事情已經不會讓我生氣了。他就覺得你這個很像諸葛亮羽扇綸巾，強虜灰飛煙滅，還講了一串布袋戲。來找我法律服務的沒有一件是好事，離婚的、打架的，不然就是搶遺產的，整整做了二十七年，我每個禮拜接見大概四、五十個民眾，整整接見至少十萬人以上，這些東西養就了我要比他更正面，來的人都是負面能量，我每天接觸負面能量，所以我要很正面地去回答他的問題，我要比他更能夠讓他化解，否則你這麼慘，我跟你一樣負面情緒的話，這個路沒有辦法走那麼久。所以市長就覺得這個很特別，我看到的是人家的人生大事，他看到的是人家的病痛。我覺得我比外科醫生還要冷靜，我就是太冷靜了。他說死過一次的人果然不一樣。（笑）

李四端：你以前是議員監督跟批評市政，現在是被批評跟被監督，這一年多來做台北市副市長，你覺得自己的成績是什麼？

「民意代表很多種，你選擇要當哪一種，我選擇當自己。
我選擇的是做實事，每天做我的法律服務。」

黃珊珊：我的工作真的很雜，一上來就發生防疫，因為我管衛生局，所以我一開始是防疫的指揮官，後來升為一級制我是副指揮官，我跟市長輪流開會，已經開了快兩百次會，整整大半年。

第二個我也管警消，公共安全自從錢櫃大火之後，台北市所有的公安稽查制度，我們全部把它改了，以前往往查很多次可是強度很弱，現在是次數減少強度增強，所以你會看到為什麼高記餐廳關掉了，以前就是一直開罰單，明明違規我們還讓它繼續存在，以後不會再有這種狀況，只要不合法無法改善，你必須要停業，但是我們現在也已經輔導高記去另外一個地方，找到適合它法規跟面積相關的地方。以前很多就是登記了裝潢後發現不合法，以後台北市也沒有這種事情，登記之前我們全部幫你查好，你再去裝潢。

因為我當過議員也常常有這些問題，我知道怎麼處理，所以我們就訂出所有的SOP，以後再沒有這種狀況。

李四端：以前你當議員有一些民眾服務的事情，他希望你幫他緩一緩，但現在你換了一個角度做事，你會不會覺得這時候有點衝突跟矛盾？

黃珊珊：其實這也是幫議員解決他的問題，當大家講都沒有用的時候，你就不會被罵，但是A講有用，B講沒有用的時候就會出事。對台北市政府，誰講都沒有用的時候，議員反而沒事。

李四端：這點完全符合你最初法律人的氣質。

黃珊珊：我進市政府第一件事情就是建議市長，成立違建爭議處理委員會。只要是違建的都到委員會去，議員都沒有壓力。第二個我現在在整頓台北市的無照攤販，你將來去士林夜市或艋舺夜市，你會看到我們畫的藍色虛線，每一攤都退到線後面，每一攤都整頓換招牌，甚至補助他相關的費用，加了玻璃罩。我們希望國際觀光客回來時，台北的夜市整齊又乾淨衛生。

李四端：這些夜市攤販的問題，當你做市議員的時候有提出類似的要求嗎？

黃珊珊：有啊，可是沒有用，大家都說違反道路交通處罰條例，沒有人要處理，所以警察就是每天在那邊貓捉老鼠，來的時候開幾張罰單，你沒有消滅過他，然後你又不承認他的存在。現在我們就是納管，如果你違規了，才會開罰單，但是大家安心做生意，保持安全、保持衛生。

李四端：你是喜歡看到結果的人，以前當議員很多時候你看不到結果，現在比較有成就感？

黃珊珊：現在台北每一天都在改變，每天能夠改變一點點是很開心的事。其實現在議員講的，柯文哲市長上任之後都有做，他本來就是一個重視議員的市長，因為他沒有黨派，不會因為你講沒有用他講有用，只要是里長、議員來反映的事情，我們討論應該做的就做，沒有分為什麼或是分誰。

李四端：我們還是聽到一些聲音說柯市長任內，好像沒做什麼施政留下大建設，你也聽過議員批評這些話，你怎麼面對這些話？

黃珊珊：各位，如果沒有大建設就不會有北藝（台北表演藝術中心）、北流（台北流行音樂中心），還有十幾個社宅。第三個我們花了二百九十五億改建五個大市場。環南市場沒有改建之前全部都是老鼠，每個餐廳都去環南市場批貨，他批完的貨煮給你吃，你安心嗎？所以市長上任第一件事情就是環南市場改建，因為老鼠在他面前走過去。我當議員二十年，從馬英九、郝龍斌都說要改建環南市場，沒有一個人動得了手，這件事情就是一個對台北市食品安全最大的幫助。接下來改第一魚果（第一果菜及萬大魚類批發市場），花了快三百億的錢，如果沒有做事的話，我們現在吃的食物還是跟老鼠共存。

大家要看到大的建設也有很多，北藝有完成，從郝龍斌時候開始，但是我們要收拾。大巨蛋也是要收拾讓它完成，然後你可以看到廣慈博愛院，將來整片在興建

（社會住宅），包括你去看南港的變化，應該不是沒有做事吧。

李四端：你以前所監督過的那些市長們，你怎麼比較他們？

黃珊珊：我剛好三任，就是馬英九、郝龍斌跟柯文哲。馬英九、郝龍斌他們有在做一些計畫，可是實際上接地氣的比較少。我覺得馬英九做了很多還不錯的事，但對民眾的感受可能沒有那麼直接。

李四端：為什麼他們一個不接地氣，一個對民眾感受少，是什麼原因？

黃珊珊：我覺得是出身背景的關係。像我們從基層上來，很多人說珊珊你怎麼都知道我們在想什麼，我說我跟你們混了二十年怎麼會不知道。但是郝龍斌、馬英九都不是從基層出來的，所以我跟他們講話，他們也聽不太懂，講個最簡單的例子是捷運的編碼，捷運站以前叫台北車站Taipei station，但它在興建的時候有分R1、R2、R3，我質詢了大概十多年吧，因為我們出國去日本不太會日文的話，我們都會看那個號誌編碼，比如我要去Y1站或Y13站，台北捷運沒有，我質詢了十年沒人理。柯文哲上來，我說市長要辦世大運了，外國選手要來，台北捷運一定要改，市長覺得很有道理，他就三千萬全部一個月把它換完，然後世大運開辦。我質詢了十年終於，我很興奮啊，死掉都值得。這件事情是我的事嗎？不是，是市民的事，是來台北的人需要看的東西，這個是對台北捷運有利的事情。

李四端：以你自己長久市議員的經驗來看，你反而慶幸我們有這麼一位柯文哲市長，因為他代表一個不同的出身背景，一個不同的行事風格。

黃珊珊：我覺得最重要的是他沒有私心，沒有為了自己的政黨要幹什麼，然後做一些為了自己的事情，都是為了這個城市的事情。

李四端：但他很明顯的有他的政治欲望。

黃珊珊：有，但是不是私心，放在自己的口袋裡或自己的樁腳，或者照顧自己那些所謂的既得利益者。你以前看到台灣的政治不是都在照顧自己的那一群人嗎？我們一個是律師、一個是醫生，唯一的共同點就是以前只能幫一兩個人，我們就滿想做多一點、盡力而為，這個世界給我機會就好好做。

李四端：還有你們兩個都不是來自於藍綠兩個大黨。你是親民黨，親民黨在很多民眾的光譜裡還是屬於藍色的。

黃珊珊：我去親民黨純粹因為我很喜歡宋先生，我喜歡就是喜歡，不喜歡就是不喜歡。我不喜歡國民黨的人，我就不喜歡。我喜歡柯文哲，我就覺得很好。我就是一個只做自己喜歡的事情的人。

李四端：柯文哲顯然也滿喜歡你，否則他不會請你來當副市長。他有給你其他更多的任務跟使命嗎，除了副市長以外的角色？

黃珊珊：我們第一個談來當副市長，他覺得我有這樣的能力，我很感謝他看到我的能力。第二個他跟我談台北市的未來，他覺得我的質詢都很有建設性，他說你為什麼可以有這麼多建設性的東西，因為我在外面跟各行各業不同的人接觸，我會聽到他們一些進步價值，所以在我的質詢裡面提出比你們政府要前衛的東西，甚至我可以帶著你們往前走，包括「1280」也是我跟他們討論很久，一開始吃到飽「2500」一定被罵，我說我們要政策引導民眾去搭大眾運輸，要給他一個可負擔但又不會覺得負擔太重的，這就是政策形成的過程。他的任期只剩兩年，所以我們現在盤整這兩年還能完成跟還沒辦法完成的。

李四端：副市長，你自己有沒有在規劃二〇二二市長選戰？

黃珊珊：我的想法很簡單，第一個我如果自己沒有本事規劃也沒有用。這個城市很大，我進來之後才發現，就算當過二十年的議員，我都還有點吃力；但是我從防疫到公安，我學會了怎麼調動一個八萬人的部隊，那是一個非常非常龐大的組織，我以前可能只有六個助理，現在是一個很大的團隊。第二個就是如何把價值信念可以透過政策融合進去，我需要跟非常多人溝通，這件事情並不容易。所以其實不是規劃問題，選舉當然要選上，選上才能夠來做這件事，但是你要先知道做這件事的目的是什麼。

李四端：台北市過去以來的市長，大概他們都有行政歷練，而柯市長是第一位沒有的。如果你未來參與競選的話，你會是一個有行政歷練，非素人候選人，所以到底哪一種候選人比較好？

黃珊珊：沒有什麼好或不好，我覺得市長選舉的時候是一個風起雲湧，剛好是一個潮流的時代，那個時代人民求新求變，但是這幾年求新求變有一些地方已經踢到鐵板，或者對某些東西人民是無能為力了，譬如說一個美豬。所以兩年後的政治環境會怎麼樣沒有人知道，會是哪一種人到時候得到選民青睞沒有人知道，現在的變化可能半年就一個大翻轉。你也不知道川普會落選，包括韓國瑜會被罷免也是一個短時間之內的大變化，所以幾乎已經沒有什麼邏輯可言，加上這次疫情全世界翻轉，沒有一個以前的經驗可以適用得上。

李四端：未來如果競選的話，你覺得你能獲勝最大的憑藉是什麼？

黃珊珊：就像我們從小考試，你也不知道自己會不會考上，但是你不讀書一定考不上，重點是我們對這個城市很有熱情，我對自己可以做這麼久，我有一個很深的感觸是：我發現我真的很喜歡做服務，我真的很喜歡公共事務，我真的很喜歡改變眼前這個我覺得應該要改變的事情，這個是你可以花時間都不會覺得累的。

李四端：你是一個非常重視行動力的人，我覺得今天你已經告訴我們，你有很大的意願要來投入未來這個服務。

黃珊珊：我會做我喜歡的事，如果喜歡我就會拚了命地去做。

李四端：而市長這個工作是很有挑戰性的。

黃珊珊：對啊，市長好累喔，我是三個副市長之一，我就想他是我的三倍，他一定累死了，但是我們可以看著這個城市的全貌，我每天其實是很興奮的。

李四端：我最後一個問題是，你有一個兒子十九歲了吧，很少看到你溫柔的一面，看到你都是在做事。

黃珊珊：你很少看到我提小孩，因為小孩幼稚園就跟我說：「媽媽，同學說在電視上有看到你，所以你是不平凡媽媽，但是我不要當不平凡小孩。」我說，「什麼是不平凡小孩？」「人在電視上就是不平凡，所以你不要把我放在電視上。」從他跟我講了這句話之後，其實你沒有在我的任何文宣或者任何活動看到我孩子的照片，或者任何的露出，這個是我對他的承諾。而且我也覺得一個人從政已經夠了，你很少看到我秀我的家人。

李四端：將來如果你競選市長的話，這個家庭的角色，選民是有權利來了解的。

黃珊珊：那時候我跟他說市長找媽媽去當副市長，你覺得怎麼樣？因為他以前會說我都沒有陪他，現在當副市長可能更沒有辦法陪了。結果孩子跟我講一句話，我自己非常感動，那時候他已經十八了吧，他說：「我知道你很想去追夢，你就去追吧」，因為我每天都跟他說「媽媽不限制你想申請什麼學校都可以，你要念什麼都可以，因為你要去追夢」，他用我給他的話還給我，「那是你的夢你就去追吧」，我覺得非常的開心。

（二〇二一年一月）

線上觀賞

SCAN ME

黃秋生：走好每一步，有遺憾才是真實人生

·端哥開場

國際影帝黃秋生說：「台灣金馬獎欠我一個影帝！」他不只是一位好演員，更有藝術家正直敢言的特質。在香港出生成長的他說：「之前我長大的香港沒有了，現在的香港很陌生，那已經不是我認知的香港了。」冷面笑匠黃秋生表示，未來他要更加強對台灣影視業的耕耘。

黃秋生說：「我只會做演員演戲，但是工作上，我感受到的就是被封殺了。」問他想挽回嗎？我直問，他直答：「別幻想了，某些人或事是不可能挽回的。」

性情中人，直率敢言，遇到他認為的不公平，他會選擇「寧鳴而死，不默而生」。縱然有過盡千帆的滄桑，黃秋生依然強調過好當下的重要，「人生處處留遺憾，有遺憾才是真實的人生，所以別要求太多。」這也展現出他和生活握手言和的豁達。

還好，他對金馬獎曾有的遺憾撫平了。二〇二二年在節目播出僅僅相隔一年，他以《白日青春》抱走金馬獎影帝。

李四端：過年團圓最重要的就是圍爐菜，而廣式料理當中最典型的就是盆菜，到這一天，大家一定要吃這個，它最底下是燉煮的白菜，上面是肉，再上面則是各式精美的廣式料理，包括鮑魚、烤鴨等等。吃的時候從上而下層次分明，底層的湯汁跟白菜吸收了上面所有精華之後，燉出了真正的美味，其實人生何嘗不是如此呢？我們經過了一番歷練之後，到最後終於嘗到甜美的滋味，這個故事也可以代表今天我們的主角人物，歡迎影帝黃秋生先生。這是你的本名嗎？是秋天生的意思嗎？

黃秋生：是，本名。

李四端：所以你喜歡秋天嗎？

黃秋生：不太喜歡。我對秋天特別敏感，比如說皮膚，對空氣的改變，或是聞到的氣味，有點傷感。

李四端：最喜歡哪個季節？

黃秋生：冬天。我喜歡冬天很冷、對抗寒冷的感覺，另外我可以穿多一點衣服，擋住自己身材的肥胖。

李四端：你一點都不胖，看起來還是一樣瀟灑。今天特別準備這道廣式的盆菜，你香港過年也是吃這個嗎？

黃秋生：家裡不吃這個，跟朋友聚會才吃。以前家裡還有長輩時，就會吃雞、鴨一般的廣東菜。現在長輩都走了，剩下只有我跟我老婆兩個人。

李四端：所以你在香港過年，過得都很簡單是不是？

黃秋生：其實我整個生命到現在為止來講，家裡的環境不是太穩定，一家人在一起的年分都不多。我大概九歲就去讀寄讀學校，然後就很少回家，後來家裡面又分散了，我沒跟我媽一起住，所以過年的時候，我媽也沒空照顧我；慢慢開始那些節日我都不太想過，包括聖誕節、新年、生日，這些我都沒所謂。

李四端：那你的家人會習慣嗎，你太太、孩子？

黃秋生：我小孩不在香港。我老婆也是孤僻的人，她不喜歡熱鬧，比我更不喜歡。我們家裡非常安靜啊，安靜到傭人不停地問有什麼工作！

李四端：你有一句話形容得很好，我看到訪問的資料裡面你說：當父親，最好永遠是個背影。讓小孩看不清楚你的身影，才好去管他們。這句話很有意思。所以你覺得做一個爸爸讓小孩不太清楚你，你不要跟他們太接近是不是？

黃秋生：我也不是故意的，只是我長時期的工作環境，令到我在家裡面就是這樣。

李四端：也不愛說話。

黃秋生：女兒是比較好，女兒跟父親有可能會比較多話，可是男孩一般都不會跟父親講很多，他會跟母親講。

李四端：但我發覺父親要主動。

黃秋生：你主動他就覺得你很煩，我主動過啊。他回來時，我看著他，他嗨一聲然後就走。我說你嗨什麼……你怎不說爸爸你回來了，你嗨什麼？他說，我還以為我們是朋友。我說，你會養你的朋友供書教學嗎？你會養你的朋友養到那麼大？他就一聲喔。所以概念不同了，現在小孩就當你是朋友。他們有他們自己的世界。我經常說你現在二十一歲，已經是成年人了，我不會再像以前一樣煩你，跟你講道理，因為我有我自己的哲學，我有我的人生，你有你的人生。因為大家的背景，成長的環境，根本就不同，我小時候沒錢是街童，你有那麼好的教育，又在外國長大，跟我根本就完全是平行時空，同一個空間兩個世界。

李四端：我們看你的電影，你演的角色笑容都不多，有沒有人說過，你的外型是一個看起來會令人有些害怕的？

黃秋生：有啊，什麼氣場啊，我真的不知道什麼叫氣場令人害怕。年輕的時候，帥的叫酷，你長得帥，那個叫酷。年紀大樣子老了，就是恐怖這樣，我都不管的，人家就這樣講，我都看不出來，反正我從年輕的時候到現在，照鏡子都不順眼。

李四端：可是你的工作就是給別人看的啊。

黃秋生：對啊，你講的對，給別人看嘛，不是給我自己看啊。

李四端：所以你不喜歡你現在的生活，不喜歡現在的工作，不喜歡你現在的樣子嗎？

黃秋生：我當然喜歡我的工作，可是我之前工作已經完蛋了，正因為封殺啊。有沒有實在的封殺名單，是個傳說，可是實在我感受到的就是封殺。

李四端：你會不會想做一些挽回的事情？

黃秋生：別幻想了！某一些人或者事，不可能挽回的。

李四端：所以你看穿了？

黃秋生：你有沒有看那些好萊塢的恐怖電影，裡面不是有一些綁匪嗎？把一個女人或是什麼的綁回家虐待，你以為求饒他就不會打。求完之後他會再進一步，控制你要吃這個，很噁心的東西，他是慢慢來的，你一步一步跪下來，然後就跪舔，他又要再打你。他要的不是你求他，是要殺你、慢慢地殺。所以我說別幻想，對某一些人啊，我沒有指誰，不要自己對號入座。

李四端：你在香港繼續做你自己？你也可以轉去別的行業做一個什麼事業？

黃秋生：我不做自己我做誰啊？我只是會演戲，我會戲劇；要是我的料理煮得像師傅那麼厲害，我就轉行了。真的，我想過我還有什麼能力呢？我還可以做什麼？全部都做不了。

李四端：這麼多的影迷，這麼多的觀眾，特別在台灣有多少人還是歡迎你啊。

黃秋生：所以啊，我只可以做演員，我只可以做表演或是教演技，反正就是戲劇行業。

李四端：但沒有工作的情況好像也沒有很困擾你？

黃秋生：我以前跟我的好朋友講，我說我們這一行，有些時候在路上碰到有人過來拍照或者是要簽名，或者是我在吃飯的時候，他過來打擾，我都會想拒絕，覺得很煩。我說：可是有一天，沒有人再找你簽名、沒有人在等你、沒有人需要你時，那個時候才是最慘的時候，是吧？我現在就是沒有人在等我、沒有人在需要我，可是還是有人找我簽名——我非常快樂。

李四端：我看多得很吧！

黃秋生：這個我非常願意接受，這是我的工作其中一部分。

李四端：這次兩個月（來台拍攝實境節目）下來你的感受是什麼？跟以前觀察到不一樣的是什麼？

黃秋生：台灣人對食物的要求好像跟我非常不一樣。很多時候你去吃東西，他會告訴你這個是原味沒有加工的，這個是沒有醃製的，好像這樣講出來了就是很對？可是你沒有醃製的原味食物一定要講究食材本身，不是每一種食物，你都可以告訴人家這個是原味；要是原味的話，我生吃好了，你乾脆連煮都不要煮，那就很好吃，真的。所以我就發現，他們吃一些加工過的、要廚藝處理過的東西，跟那些根本真的是不可以不處理的東西，吃完之後都說好吃；這個是我這一次發現，覺得好奇怪的地方。

李四端：你這番話，讓我有兩個感覺：第一，其實你對食物的了解非常細緻，而且非常精準。第二個讓我感覺，其實台灣人對食物，就是剛剛你形容的，我們不夠精準，而且很多對食物的形容反應，太客氣了。台灣人很多時候，是不是我們太客氣了？

黃秋生：這個是禮貌，非常好、非常好。我覺得禮貌是人跟人之間，好像兩個齒輪中間的潤滑油，是必須要的；不然的話人跟人之間的關係就會很疏遠。我很早之前到台灣，已經感受到台灣人的禮貌，這個禮貌香港人真的要學。

李四端：他們對你的印象是什麼，有沒有人告訴你？

黃秋生：就是叉燒包嘛，彷彿一輩子只拍過一部啊。還好後來發現有《頭文字D》，還有《無間道》系列，可是金馬獎欠我一個影帝，我覺得那一年我應該拿影帝的。

李四端：那一年是誰拿的？

黃秋生：反正我覺得我應該那一年拿影帝的。

李四端：還來不來得及再拍一部？

黃秋生：你投資啊，下一部就是。（笑）

李四端：我的成本會少一點，你不介意的話。我把所有儲蓄拿出來，能夠請到黃秋生拍一部，絕對要問鼎金馬獎的電影，是多過癮的事情啊。

黃秋生：片名我都想好叫《老千獵人》，在講一個人去抓老千。

李四端：你為什麼會想到這個題材？電影圈裡面老千多不多？

黃秋生：突然間想出來的。「我有一個東西」（角色上身），意思就是說我有一個劇本，有一個故事，可是你碰到他十年了，十年他都講同一個：「我有一個故事」；還有一些編劇的，我曾經在一旁親耳聽過，我就坐在這裡，他又在旁邊跟一個年輕應該是副導演之類的，然後副導演就問他，「我想請教你，可不可以教我怎麼寫劇本？」「寫劇本不是那麼容易的，寫劇本很難，怎麼難呢？寫劇本首先要講究就是起、承、轉、合，那首先呢？就起，然後呢，就承，然後呢，就轉，然後呢，就合……」講了半個小時以上，他都是繞圈圈這樣講，我在旁邊聽著想笑又不敢笑。這還不是老千，是什麼？

李四端：黃秋生先生今天是在我們節目，公開地跟台灣所有的影視業者喊話，「我很願意拍一部好的電影，這部電影最好能幫我得到早已應該得到的金馬獎影帝」？

黃秋生：不是，我要拍一部不怎麼好的電影，可是一定要得金馬獎。（笑）

李四端：不怎麼好的電影，可以得金馬獎？

黃秋生：每一個人都會說「我要拍一部好的電影」，誰不是這樣說？什麼叫好的電影？每一個人過來都說「我有一個故事」，都認為他的故事是好的電影啊，可是一般來說，我的經驗告訴我，有人這樣講的話，那個電影肯定會很爛。所以我情願是，有人過來說，我的電影不怎麼樣，可是我需要你的幫忙，幫我提升它的藝術價值，我來搞那個商業的水平好不好？這樣就大家賺錢。

李四端：那三次你都有來台灣領獎嗎？（三度榮獲金馬獎最佳男配角獎）你上到頒獎台上，心中想著我要的是男主角，不是男配角獎？

黃秋生：我就當自己是男主角，厲害吧阿Q，這愈講愈離譜了……

李四端：第一次在我們台灣過春節，今天我們準備了很多菜，不過剛剛你提到五年前曾經想要改變吃素，維持了多久？

黃秋生：對，然後維持了一個星期，我就吃肉了。

李四端：但是什麼事情你可以一直不改？其實你是一個很有毅力的人，對吧？

黃秋生：我不是不改，是改不了，我想改，可是沒有辦法。我看到不公平的事情，我要講。

李四端：這個性其實延續到現在，看到不公平、不正的事情，你就是罵。

黃秋生：這個證明一個人笨，真的改不了。

李四端：世界上有沒有任何一件事情你妥協過？

黃秋生：我經常都會妥協。譬如說對方勢力太大了，你就沒辦法。

李四端：你現在碰到一個對手，勢力也很大。

黃秋生：要不你就躲開，要不你就別講話，惹不起。

李四端：但這兩個月在台灣過得很快樂吧？

黃秋生：還好啊，不錯，正常，正常就是快樂。我沒有見到那種神經病、瘋狂的人出來，指你今天為什麼穿黃色？那我穿黑色好不好？黑色也不行，你姓黃是吧，你為什麼不姓藍呢？不姓洪？我連姓都要改?!

李四端：可是你現在還是要回去了。會不會很不適應呢？

黃秋生：整體來說，我之前長大的香港沒有了。現在的香港很陌生，已經不是我認知的香港了，所以沒所謂了，反正我來台灣是一個新的地方，我回香港，香港也是一個新的地方。可是你選擇一個正常的新的地方，還是一個變態的新的地方。

李四端：這次回去香港，你準備多久再回來？回台灣下一步有沒有什麼計畫？

黃秋生：盡快再回來。現在跟朋友考慮在這邊辦演技的學校。因為我覺得台灣是最有可能去實現的一個地方，華語的地方。

李四端：它跟我們現在已經有的一些戲劇學校會有什麼不一樣？

黃秋生：其實在演技上面有很多種不同訓練的方法，也有不同演出的方法，沒有說你這種的最厲害、那個是天下無敵的，沒有！沒有這種功夫。可是我非常有信心，我相信我的方法跟他們肯定是不一樣的。第一，我的基礎是美國的一個老師，最近在這邊也有人辦了一個學校，是整個系統的，後來我又跟一個法國的老師學習，所以往後再加上我的經驗，電視、電影、舞台的經驗，把所有東西融合在一起，這個經驗我相信其他人是肯定沒有。

李四端：很多人講在演員當中，除了演技的培養之外，也有很重要的地方是教演員的態度：你要熱愛這份工作，無論在什麼情況之下，你都要把那份熱情拿出來。

黃秋生：你做哪一個工作不需要熱愛？這一個工作你做到了某程度年分，一定是熱愛的，沒有熱情根本做不了。

李四端：也許我指的熱情就是，你自己所講過的一句話，其實不管你拿到什麼戲，也許是個爛戲，但我也努力地要把它演好。

黃秋生：因為簽了合約。不演，人家告我。

李四端：我以為有一個更高的解釋。（笑）

黃秋生：因為沒錢啊，要賺錢養家。

李四端：可是你不是還有下一句嗎？你說人生其實也就是像一部劇本，我拿到什麼劇本，我沒有辦法選擇，但最後我一定把那個劇本的戲演好。

黃秋生：那個是導演寫的腳本，那句話不是我講的。我講的是「人生處處留遺憾」。

李四端：喔，你講的比較真實。

黃秋生：所以別要求太多，某些時候就是有遺憾，有遺憾才是真的。

李四端：假設演技學校進來的學生問：黃老師，如果進來拍的戲，我真的覺得我演不下去，但我知道我需要這份工作、需要錢，那我這樣子還去演，我做錯了嗎？

黃秋生：沒有做錯，叉燒包就是這樣，在香港我拿影帝了。我就是這樣，我非常不喜歡。

李四端：你那時候不喜歡什麼？

黃秋生：怎樣說我都是演藝學院畢業的，我是科班的。我現在做什麼？演那麼色情、暴力，這種賣弄的東西，我怎麼演下去？

李四端：可是很多人說，那裡面充滿了內心戲。

黃秋生：所以我就想，我應該怎麼樣演這個戲？其實很簡單，沒有什麼內心戲，真的沒有，這個角色只有一招，就是暴力。

你去分析角色的時候，有一些人在跟人溝通時，他唯一的方法就是開黃腔；某一些人他就是暴力，他唯一表達自己的就是暴力。這個角色就是這樣，還有就是到後來我想，因為那個時候很近萬聖節，要不我就當這個戲、這個角色是送給觀眾一樣萬聖節的禮物吧，所以這樣把自己的思想改變了之後，就可以演得比較順，就可以把我所有的那種憤怒放進去。

李四端：如果你知道這部電影在經過了這麼多年之後，還會被大家記憶印象如此深刻，你那時候演得會不會更努力？

黃秋生：不會，不會想太多。所有的攀山，唯一可以令你不恐懼的，就是你不要往下看，也不要往上看，只是看前面三尺的地方，走好你每一步。人生也都是這樣，回頭看，我以前那麼風光，我現在這樣？你就會很難過；往前面看，我現在這樣，我什麼時候才可以得到？你又會很難受。前面就是今天，過好今天就好，明天誰知道會發生什麼事情。

李四端：目前你演過的所有角色，還是輪椅上的那個角色（《淪落人》飾演因工傷意外半身不遂又失婚的男子）是你自己最喜歡的嗎？

黃秋生：不是，最喜歡是《葉問：終極一戰》。我喜歡不是因為它打，我喜歡是因為我呈現了一個讀書人（飾演詠春拳宗師葉問），這樣才有層次感，而不單是一個武夫。

李四端：有沒有想在台灣除了辦影藝學校，或者接其他案子，將來在台灣電視上也有發展？

黃秋生：我想在台灣搞舞台劇。因為台灣的舞台應該可以發展的空間很大。我講的舞台，不單是那種藝術水平很高的那種，我講的是賣票的，票房很高的那種。因為其實有很多外國的劇本，在台灣好像都沒有演過，那些劇本都可以是娛樂性很高的。

李四端：你現在還沒有永久居留權吧？你將來會想申請來台灣入籍嗎？

黃秋生：永久沒有，可以工作。不要講得太清楚，人生是留一點空白，我們中華文化就是留白。

李四端：我們迫不及待的想要歡迎你在這邊，希望你以中華民國國民的身分上台領獎。

黃秋生：工作多了，你就自然的留下了。

李四端：對台灣未來影藝事業，你有什麼樣的期許？

黃秋生：我覺得台灣曾經電影很厲害，然後就換香港，香港之後就變成內地了。可是現在香港是這樣，大家知道內地很多的要求，突然之間就沒有以前那麼興旺，所以我覺得現在是台灣的時候，再把這個地位拉回來，是時候不能再等。其實台灣可以做到像韓國一樣，大家眼光不要那麼小，不單單只是電影，人家是用電影去帶動整體的文化除外，還包括所有的化妝品、服裝、食物，你看範疇有多大，所以台灣其實可以用電影，去帶動所有的東西。

李四端：而且這裡面，黃秋生絕對是重要的一支力量。

黃秋生：我就盡能力吧。

李四端：最後我有一個請求，我知道你的書法非常厲害。能不能請你現場揮毫一下？

黃秋生：不，一點都不厲害，我只是個愛墨者。寫什麼？（起身）

李四端：寫什麼都歡迎。你多久以前就開始練字了？

黃秋生：非常偶然的機會，在大陸拍戲的時候悶到爆，然後晚上就喝，每天都喝酒，壓力很

「所有的攀山，唯一可以令你不恐懼的，
就是不要往下看，也不要往上看，
只是看前面三尺的地方，走好你每一步。」

大，喝完之後就亂寫，有一個徒弟，送我一些文房四寶，寫了十幾年。也沒有學過，然後就問那些大師的朋友說，要不你教我怎麼寫吧，他說沒有必要，你這是名人書法，亂寫就好。（笑）所以你說這個世界老千真的很多。

還是「天下太平」吧。（現場揮毫）落款「小草」。為什麼叫小草呢？因為我不是大樹，我只是一個小草，秋天的時候發黃，春風吹又生，裡面有「黃秋生」三個字。

（二〇二一年二月）

線上觀賞

SCAN ME

王偉忠：碰到問題，我一定把它當創作

·端哥開場

台灣綜藝教父王偉忠說：「我一生沒有順利過，打工沒有錢，幫明星寫劇本，沒有錢。做電視節目，電視台不給做政治諷刺。但是我硬做，做紅了。」王偉忠不炫誇自己是娛樂圈的成功典範，而是用幽默的口吻分享挫敗的經驗，「大牌，我請不起，做節目我都找新人，因為沒有錢，請不起大牌。」聰明如王偉忠只是想告訴大家，成功的經驗難以複製，但失敗的歷程相對容易避免。

一輩子搞娛樂創意的他說：「我喜歡自由，讓人生有趣味太重要了，只要還有一口氣在，我就要去追求趣味。」王偉忠的綜藝趣味建立在諷刺上，但是他諷刺的對象是有原則的，「我的節目不打落水狗，只打有權力的人，我就愛跟有權力的人開玩笑。如果我有權力了，那就必須自嘲、被諷刺。」

自嘲一輩子都是在不順利當中長大的偉忠哥說：「人生還沒下戲散場前，碰到問題就去解決。這樣，才不會白活。」

李四端：很高興今天又歡迎偉忠來到我們的節目，應觀眾之邀，上次引起極大的轟動！

王偉忠：怎麼可能？

李四端：我也覺得不太可能。

王偉忠：哈、幽默喔！

李四端：不過，上次的確非常受到歡迎，可能是這個節目締造的網路收看率最高的一集，僅次於某些政治人物。我看你最近有很多的嘗試似乎都在轉變當中。你也說你自己是個愛冒險的人，你是感覺到這個媒體時代給你帶來了某種突變的機會，還是帶來了一些感慨或壓力？

王偉忠：都有耶，我覺得每個人從小都會碰到一些狀況，每個人碰到狀況的方式不一樣。我碰到狀況的方式，就是想辦法創作，想辦法一定要去面對，因為人大概一生就在處理不安全感。處理不安全感的唯一方法，就是面對它，躲都躲不掉，就像你在高中有人要扁你，你就真的要去面對它，想想看我們打一架還是單挑怎麼樣，還是我們要談和，要不然你永遠都害怕。

李四端：我是那種非常不擅長對抗的人，你顯然會去對抗。

王偉忠：這是環境所逼沒辦法，每個人的環境跟方式不一樣。你看起來不像人家要扁你，我一看起來人家就想扁我。

李四端：我國中就被人家扁過。

王偉忠：你看起來慈眉善目的，還是你學問太好，學問太好者必扁！（笑）

李四端：你這是言語暴力。

王偉忠：我這種看起來就討厭。

李四端：節目現場擺很多台平板，大家看的螢幕愈來愈小，現在誰看電視了，我自己也是從電視過來的，很多人說現在的門檻很低，但是他們一提到王偉忠的形象，光環與名號，我不是吹捧，在整個事業體上還是有一席之地，受到認定，這個價值感四十年來不容易吧。

王偉忠：我倒沒有這樣子的自省，我只覺得說我還是在外面找人來聊天，找一些年輕人來談談你們在幹嘛，我還會去看小劇場，到紅樓去看人家的脫口秀，我對很多東西還是很好奇。

李四端：你去那邊找人才？

王偉忠：看看是怎麼回事，有機會就一定請他們吃飯。我們現在賺的錢，基本上請人吃飯沒問題，就跟大雲時堂一樣請人家吃飯。

李四端：聊什麼，你怎麼去判斷這個人？

王偉忠：就是跟對方聊你在做什麼啊，當然你要對他有點了解，我就看了之後，覺得有什麼樣的事情，譬如說他們現在都是在小舞台上脫口秀，我們講得稍微遠一點，以前講相聲的人，他不講肚臍以下三寸地，不講性器官這些東西。現在脫口秀會直接說雞雞，我就跟一個小天后龍龍，她政大畢業的，講得非常好、很好笑，很受年輕人歡迎，我就跟她說你們一開始講性這些東西，在舞台上還做動作等等，會不會尷尬？她說一開始會，可是這個其實在舞台上是鐵效果，講髒話也是鐵效果。為什麼這個是鐵效果呢，想想我們年輕時候在村子裡講話，在學校講話也是這些東西啊，就會有共鳴。

李四端：可是我心中還是有點矛盾，我也請了年輕人到節目來談脫口秀，譬如說你現在做舞台劇《明星養老院》，我覺得你就不會讓你的演員在舞台上盡是玩這些露骨的字眼。

王偉忠：我有一招方法，這個戲裡面有一個來上過你的節目叫娘娘。

李四端：泰國娘娘。

王偉忠：《明星養老院》這些明星老了，碰到新的網路時代怎麼辦，不知道沒轍了，這種表演就不受歡迎了，所以他怎麼辦？他們跟網紅學，沒有想到這個網紅就在他們明星養老院掃地的，叫娘娘，結果娘娘來教他們怎麼成為一個網紅。這一大段秀幾乎十五、二十分鐘之精彩，米粒都不掉在地上，好玩有趣得不得了。

李四端：你是以此來突顯世代的差距？

王偉忠：我是碰到問題，我一定把它當創作。

李四端：你覺得那種可以叫藝術嗎，不斷的三字經，不斷地講一些生殖器官，雖然效果很多？

王偉忠：美國單口喜劇（Stand-up comedy）也是這樣子，叫不叫藝術，藝術很難講，你說如果真的藝術來講，老子也講過大雅即俗，大俗即雅。你到了極致的時候就很難解釋了，但有些人罵髒話不難聽；不是在那個字，她們小女孩講起來，有些講得還滿有意思，她說出來不尷尬。

李四端：對於年輕的表演者，你都會跟他們講些什麼？

王偉忠：我現在不太給年輕人意見。我覺得先幫年輕人鼓掌，他真的也滿好玩的，鼓掌完之後再說。可是每一個時代，像我們那時候從南部上來，就跟現在拍《大佛普拉斯》的導演一樣，你看他（黃信堯）拍電影的模式就跟以前的模式不一樣，但年輕人看了覺得很好。像昨天我看了首映，徐譽庭講年輕的愛情故事（《我沒有談的那場戀愛》），講得也很好。時代會轉變，就會有這種的狀況是一定的，沒有辦法。

李四端：我們今天還請到一位《料理之王》參賽廚師，非常傑出的Jeff（施捷夫）。你覺得他在你生命中扮演了什麼角色？

施捷夫：一個導師的角色，《料理之王》整個比賽到現在，偉忠哥給我們非常多寶貴的意見。

王偉忠：比完之後還要跟他們聊天，你覺得這個節目對年輕人有沒有幫助？我覺得選秀節目都是選唱歌、跳舞等等，有沒有機會讓年輕人透過媒體也出現一些英雄，他們可以讓年輕人覺得這行業也可以做。

李四端：他家裡也是料理傳家嘛，父親也是做這個？

王偉忠：他不希望講他爸爸（阿發師）。我是說孩子到底要不要超越爸爸的那個過程，是一個很有趣的事情，所以他爸爸雖然也是很棒的人，他也不希望太談，可是《料理之王》讓他們父子感情變得非常好，這個很有意思。

李四端：這次疫情期間，你女兒也從國外回來了，二〇一九年女兒結婚了，聽說你在學英文是嗎？女婿是美國人？

王偉忠：學英文有很多因素，女兒是我們家族裡面，從清朝容閎之後第一個留學美國的就嫁給外國人，當初我們那個時代都流行出國讀書啊，你也出國讀書了，我們都一屆的嘛，我沒有出國讀書就回電視台做事去了，所以出國讀書對我來講也是一個沒有實踐的夢想。

李四端：你心中有缺這一塊啊？

王偉忠：有缺這一塊，非常堵~爛你們留學的（笑），沒有啦。我意思是說，這一塊我會補起來。我要讀Animation，卡通的Storyteller，怎麼寫卡通的故事。

李四端：你在台灣已經是說故事天王了，多少人看你的故事長大。

王偉忠：可是因為我會畫漫畫，我想講卡通的故事。有一個很有名的中國大陸短片，它是講一個包子，那個女孩用一個包子說孝道的故事（動畫短片《包寶寶》），我很喜歡。

李四端：後來得了奧斯卡獎。

王偉忠：動畫卡通無所不能，而且成本可以控制，你真的也不要請什麼大牌，你就可以自己處理了，做各種像孫小毛一樣，可以創意無限地去把自己的想法做出來。

李四端：所以你二〇二〇年原本就計畫要去美國進修？

王偉忠：對，就是一兩年慢慢讀，我女兒也在那邊，去去回來就把它讀完了。

李四端：學英文是為了這個，並不是要跟女婿溝通？

王偉忠：我理他啊！You guys speak Mandarin to me.（佯怒）

李四端：那你還請一個老師來幹嘛。說實在有個美國女婿怎麼樣？

王偉忠：敬之以禮啊。今天早上視訊女婿過生日，我們大家在畫面上給他唱生日快樂歌，真F***噁心～沒有啦。其實翁婿沒有什麼問題，男人對女婿還是那句話，你一定會想辦法對女婿好，為什麼呢？你像個老獅子一樣慢慢老了嘛，你以前在草原上看鬣狗，你一叫他們就跑了；老的時候，多少非洲上的獅子坐在那裡老，鬣狗就來啃你了，你沒有力氣了。你發覺你的孩子有一個年輕力壯的會保護她，你心嚮往之，你就說好，所以我們老丈人對女婿通常都讓、都好，送點禮物、打個球，心裡就是你只要對我女兒好就行了。

將來我希望能破一關。這個關跟父子或跟眷村兄弟姊妹一樣，男人跟男人之間那是抓雞雞的，我講的不是髒話啊，要有突破，我們東方男人父子之間少這一塊東西，我跟我爸爸就可以，不是我抓我爸爸的雞雞啊，但是我跟我爸爸可以一起喝酒、一起聊天，可以開我爸爸玩笑，這個事情對我們父子之間的感情很好，因為我哥哥有一點點「長子」，我是老么，距離是美感，我爸爸跟哥哥年齡各方面比較近。

李四端：他看到你也許心好像放鬆了。

王偉忠：對，而且我調皮，我哥哥就是在家裡綳著，他有點像混的，在外面耀武揚威，我比較柔軟，就這不太一樣。可是後來我哥哥過世了，我很懊惱這個事情，我後來作了一個舞台劇叫《往事只能回味》就講我跟我哥哥之間，我一輩子想跟哥哥講說：哥其實你還是我的偶像。但是他走得早，我這話一直沒講。

李四端：現在在你的人生角色中，你是扮演當年父親那種望之生威的角色，還是扮演你哥哥那種家長子的角色？

王偉忠：不知道。古人說一個男人是個君子的話有三件事情，以現在的語言來講這個男人會有魅力：第一個，望之而生威，就是他走過來，你看這個人有點威嚴；他一笑，你覺得他親切；一說話，你覺得他有道理。能做到這三步，很精彩。這三步在我身上——

李四端：都發生了！

王偉忠：都做不到！

李四端：我覺得望之生威，其言可親，其笑可愛。

王偉忠：您真是古人啊，君上。（作揖）

李四端：我總要賣弄一下吧。我覺得你在演藝界，很多人談到你名字的時候，幾乎都充滿了敬意。

王偉忠：可是也很多人討厭我。

李四端：這我倒沒聽過。我的意思是說，我感覺很多人其實怕你。但是一旦看到了你，得到你的笑容或什麼東西，他們又覺得突然你跨出了跟他接近的第一步，這是你的家學或你自己的個性，還是你的一種領導統御？

王偉忠：我很多時間是嚴肅的，其實我對自己某方面也是嚴肅的。

李四端：我請Jeff來看你是不是嚴肅，來上菜。

施捷夫：這道菜融合版的烏魚子，底下墊了一個酸奶醬，今天用的都是野生的烏魚子，用竹葉青炙燒，爸爸說台菜裡面用到竹葉青，它炙燒過後的香味才是正統的台味。

王偉忠：這個配香檳或白酒很好（看向工作人員），沒有啊，好～謝謝啊。

李四端：我們現看到這麼多媒體的挑戰，像我本來是做新聞的，現在也在做這種半綜藝主持，我們在這個年齡，接下來應該對這個事業提供什麼樣的一種價值，會不會我們在這邊，別人覺得你怎麼還在上面不退啊？

王偉忠：人家說文字媒體消失了，廣播媒體出來了；廣播媒體消失了，影視媒體出來了；影視媒體到一個階段，網路出來了，自媒體出現了，可是我覺得媒體都沒有消失。你看廣播到現在還很多人聽，只是轉成Podcast，聲音還是一個很誠懇的東西。你聽廣播還是一對一的傳播，文字很多人不看書了，可能也從網路上看，我還是看書，我覺得看書闔頁一剎那，你還會回想。我們這一代還是有一些我們古典的部分，這部分你的訪問，還是有你的觀眾群，可能我們觀眾群少了，一定是這樣子；可是也不一定，「少子」化之後「我們」又多了。

李四端：我看了《明星養老院》劇裡面講到很多曾經在光環之下的人，他們一旦凋零之後，他們會害怕。

王偉忠：誰不害怕，明星不紅了跟人老了，幾乎是差不多的意思。

李四端：萬一哪天這個燈關了，我也做不了這個節目了，我該不該害怕？

王偉忠：你絕對找得到出路，因為我們出身環境不一樣，對不起我這樣講。我覺得千金還是難買少年貧，我有次去參加一個演講，其實我不太演講，欠人情我就去了，人家問我說你怎麼會做那麼多事情？我說，各位我一生沒有順利過，你們看我很順利，我一生沒有順利過，一個南部士官兵的孩子到台北電視圈打滾，你們那時候都可以做主播，學問也夠、機緣也好，我是打工，我打工沒有錢，怎麼能跟大牌認識，幫人家寫劇本沒有錢，只要給我個位置能睡覺就好。我一輩子就這樣子，脾氣也不好，電視台不能做政治諷刺，那時候國民黨時代還不能做，我硬做也做紅了。後來沒有大牌，我做布偶，牌不夠沒有錢，我找個布偶跟陶大偉一起合作，因為請不起兩個主持人。我從來不找大牌，請不起，我做節目全部都培養新人，澎恰恰、胡瓜、趙舜、阿西，後來阿Ken、納豆、安心亞，一路以來都是新人，小郭、小郃，哪一個不是新人，我哪請過大牌！我一伺候大牌，我就沒辦法創作，所以都是新人。

我一輩子都是在不順利中長大，所以碰到問題就解決。本來觀眾就會愈來愈少，但是還沒有散場之前，我們能做什麼事情就做，而且做適合你的體裁，要做適合你的事情。

這戲裡面有段台詞是這樣子，有一個在明星養老院裡面服務的素人，他跟著院長一輩子，當初是他的影迷。這些明星老了說「我沒有價值了」，這個人跟他講，「我一生裡面，我失戀、結婚、生孩子、病痛、送走老人家，都是你的歌聲陪我的，聽到你的歌聲，我就能夠恢復到年輕時候的體力跟精力，覺得人沒有白活過，因為那幾首歌陪了我一生，這就是你的價值。」莫名其妙之中，我們做了演藝人員，我們服務大家，不管幕前幕後我們有很多事情陪著別人過了很多的歲月，比親人陪的歲月多了，所以這就是你的價值啊。

李四端：這個劇其實是你自己觀察了很多大明星，有沒有一些真實的故事可以跟我們分享，不要講人名？

王偉忠：有一個我真的非常青睞，對我有很多啟發，也跟他合作很多年的一個藝人朋友。他長得很好看，後來聽說他病了，我去看他，一進門就跟他開玩笑，因為我從小就跟他長大，我看到他當然很高興，他就癱在那個地方，人沒勁、沒有力量，他跟我第一句話就說，「偉忠啊他們都不了解我。」「他們」都不了解我，他們指誰？家人、朋友、觀眾、時代、環境、氣氛、大局、世界、宇宙，是什麼不知道？他們都不了解我，除了我了解他。他講的笑話，我聽得懂的就跟他聊，好像回去陪一個老人家。你母親節陪媽媽，重複跟你講以前的事情，你就陪她聊，假裝沒聽過，你讓她人生重來一次，就是如此。

他們都不了解我，可是啊，有一天我們做的東西也很多人不了解。你要學年輕人的話語、話術、節奏？現在年輕人談戀愛的方式跟我們那時候完全不一樣了，我祕書一九九四年的，看徐譽庭的電影，我說你看了怎麼樣？她說很寫實，現在男女談戀愛很快，在一起很快，分開也很快。哇賽，那時候我們要跟人家在一起要多少過程啊，想辦法摸手，摸完小手之後摸臉，摸完臉再摸肩膀，摸完肩膀又回去摸手……多辛苦（笑），這種故事當然要講，年輕人他們也一樣，你當我們那時候沒有愛情故事啊。

李四端：所以珍惜自己的價值，但不要去模仿。

王偉忠：很難做到，人因為長了一雙眼睛，人愈出名，你做任何事情就覺得人家在看你，你就不自然了嘛，誰看你啊，你不能這個樣子，你就要專心。

李四端：看你最近不斷出來的孫老毛（YouTube王偉忠電視台），這是從孫小毛《嘎嘎嗚啦啦》過來的。孫老毛這個東西你是要嘲諷嗎？還只是你的政治模仿秀中，現延伸到你個人？

王偉忠：不是，我覺得政治諷刺對社會來講是個良性的東西、好玩的東西，但對某些人來講就認為你大逆不道，不管是國民黨還是民進黨時代都是這樣認為，有權力了，他就認為你大逆不道，1450。我們做政治諷刺的意思就是「權威」，你有一天也會變成

「我們做了演藝人員，不管幕前幕後我們陪著別人過了很多的歲月，
比親人陪的歲月多了，所以這就是你的價值啊。」

權威，你也會被年輕人糗、人家也會攻你，你必須接受。我認為我是有個尺度，不要打落水狗，很多事情你要有個意義、你要有個想法，講話不是直接要，而且你對政治觀察到一個地步，我要做到這一點，所以我就把以前的老毛拿出來。老毛這個演員好，不軋戲、尺寸小、伸縮自若。

李四端：它基本上代表了你個人的電視評論？

王偉忠：你要這麼刻薄嗎？沒有啦，我這個也不收錢，就好玩，而且不做任何置入。可以做公益，但到現在沒有人找我們孫老毛做公益。

李四端：它其實是一個非常健康角色，不只拿來罵人？

王偉忠：是糟老頭！糟老頭看什麼事情都不滿意，但你說他有沒有溫度？他也滿有溫度的。有一個這種人坐你隔壁，不是很好玩。他也知天下，他有一個角度。

李四端：有沒有因為這個節目或者孫老毛，開始有人想要請教你，他們在政治上真實面應該怎麼操作？有沒有政治人物來請益你？

王偉忠：我個性是這樣子，很多時候我叫得親一點，離得遠一點。大哥、叔叔、伯伯——離得遠一點。

李四端：這真的人生智慧啊。接下來這個孫老毛會不會扮演更多的角色，除了作為你一個即興的代表者之外，他可能有劇場嗎？

王偉忠：我的人生理想就是再老一點的時候，帶著我的老毛做脫口秀。

李四端：你的個人脫口秀？

王偉忠：兩個人！我跟老毛。你把老毛不當人啊，你太壞了。

李四端：不，我剛剛指的是「他個人」，沒有想到「你」。

王偉忠：謝謝～這個好。

李四端：轉得好吧。你現在做了綜藝表演界的，料理界的，還有沒有準備其他行業也要做這種天王選拔秀？

王偉忠：會，因為台灣整個產業發展能夠做成影視的，當然娛樂是一個，《料理之王》是一個，還有一些別的譬如說Decorator裝潢師，如何裝潢你的房子，還是有一些，但是要找到表現方法，而且要合乎台灣的狀況。一個製作人如果能把職場上的一些東西用在娛樂上表現，這是我的夢想，我做了好幾次這樣的事情。以前做《魔法ABC》，叫鮑佳欣教英文，那個節目後來也做得很好。我一直跟年輕人講，在未來的世界裡面，沒有什麼明星跟不是明星，有一天你做到你的專業變成明星，不要把明星當你的專業，讓你的專業變成明星，我說你這樣就會很自在。

李四端：你對未來媒體的預測是什麼？

王偉忠：我的預測是沒有看法。

李四端：我白問了？

王偉忠：人之大忌，好為人師。我覺得未來的變化太大了，我們剛好碰到一個節骨眼，整個載具也不一樣了，表演方法也不一樣了，攝影機非常簡單了，手機拍電影就寸步可幾，不到十歲的人做設計師做製作人，各行各業的，太多太多了。我覺得教育是個問題，尤其台灣的傳統教育，現在還補習怎麼樣，孩子在高中之前，還不知道自己能幹嘛，還希望考上一個大學，考上大學之後也不知道幹嘛，這件事情多少年了。

我很小就知道我要學社會科學，我媽非讓我去讀自然科學，隔壁家大毛考得好，人家都考自然組，不懂，我們其實從小十幾歲知道自己幹嘛了，你的本性已經出現了，大概可以做什麼，所以我認為台灣教育最糟糕。我如果是活在現在的教育，爸媽同意的話，我大概中學讀完就不讀了，我一定找到自己的方向。

李四端：你已經回答了，為什麼我們社會上看不到第二個王偉忠。

王偉忠：沒有啦，你這太托大了。

李四端：你剛剛講了時代的環境，它只能培養某一種特殊的人，但是時代的環境是不能重演的。

王偉忠：我們這種孩子長大是野草。可是我說一個花圃裡面都長名草、名花，你一定要有野草，沒有野草它不健康，跟鯰魚一樣，所以不能把野草全拔光。所以我常跟人家講說，在一個家裡面或在一個社會裡面、一個公司裡面，留下野草一些生存的空間，不要把野草都拔光，野草老天爺安排的，我們都是野草。

李四端：我慢慢了解了你所謂在你人生當中，永遠要保持新鮮感，在你身上是做到了。

王偉忠：我的血液裡面是，做事情要跟別人不一樣，因為跟別人一樣的成本我沒有。我買不起玩具，我的玩具要自己創造。

（二〇二一年三月）

線上觀賞

SCAN ME

鄒開蓮：要有贏的鬥志，找出過程中的價值

·端哥開場

「我的個性很熱情，像辣椒。沒錯，跟我一起工作、生活都會發覺我像辣椒，很熱情。」這是鄒開蓮對自己個性的剖析。有台灣「網路經典人物」稱號的鄒開蓮，節目中爽朗的笑聲，讓全場錄影的工作同仁都深切感受到她的熱情。

鄒開蓮是將Yahoo推向電商市場的第一人，開創台灣電商的新里程碑。我很好奇，為什麼她能夠直通外商公司的美國最高層？她笑說，「要建立關係，關係很重要！不要怕，把自己認為對的、相信的東西去感染別人。」職場上，這股熱情，讓鄒開蓮燦爛成女性成功的楷模。即便二〇二〇年卸下Yahoo的工作，她仍擔任多家公司的顧問和獨董，以及無給職的世界展望會董事長。節目中，我問她考不考慮出書？她笑得燦爛，只問出書有沒有價值？如果有，她就出。

結果咧，你正在看的這本書才火燙出版，鄒開蓮的新書卻早在半年前已經面世。辣椒性格的鄒開蓮做事劍及履及，難怪她能萬事成功。

李四端：網路在我們今天的生活已經是再普遍不過，不過回想二十年前的時候還是一件很新鮮的事，當時幾位重要人物，你記得誰呢？有一位你一定不會忘記她所扮演的重要角色，歡迎經典人物鄒開蓮。

鄒開蓮：經典，聽起來好老喔。

李四端：但當之無愧。

鄒開蓮：台灣的網路界大概是在二〇〇〇年前後，可以說開始慢慢起飛吧。

李四端：我還記得那時候網路開機，有前面叮叮咚咚一大堆聲音。

鄒開蓮：以前光是要等到它能接通，我們可以喝杯咖啡的。

李四端：不見得能夠接通，接通覺得好高興。你是祖籍四川，父親在海軍服務，也算是眷村小孩吧？

鄒開蓮：沒錯，非常眷村。

李四端：所以我們準備一些川菜，橙汁排骨、紅椒牛肉絲、魚香茄子。川菜並不是中國最辣的菜，但它主要是麻味。

鄒開蓮：對，而且成都跟重慶不大一樣，成都更麻，其實台灣以前的川菜沒有這麼麻。

李四端：你小時候家裡吃飯就是吃辣的？

鄒開蓮：都是吃辣，記得我很小的時候，我媽媽還得把不辣的分出來，直到有一天她跟我正式宣布，你再不吃辣就沒飯吃，就這麼簡單，所以小學我就開始要習慣每一樣菜都有辣椒。

李四端：請問你的辣可以吃到什麼程度，你的行事作風跟辣能夠連接在一起嗎？

鄒開蓮：這個問題很有趣。

李四端：辣有很多定義啊，有時候是代表火爆，也代表熱情，也代表活力十足，也有人代表的是剛嚴。

鄒開蓮：以上皆是。如果用你的定義，我真的可以用辣椒來形容。因為很有熱情，大部分人跟我工作、生活都會發覺我很熱情，而且對自己相信的東西，我絕不會閉嘴。這也是我即便在工作當中，每一年老闆給我的評估或同事給的同儕審查，都會說Rose很有熱情，然後對她所相信的事情會滿堅持的，一定盡量地要去做到。

李四端：熱情在你的職場工作裡面應該是加分吧？

鄒開蓮：我覺得很重要。因為我們是在一個變化很快的產業裡，不會是每一件你今天做的事情，都是別人以前做過，或是你知道一定要怎麼做就一定會成功，這一類的不一定。所以某一種程度你要有點傳教士的精神，把你認為對的、相信的東西，要能夠去感染別人，可是那個相信是一個很真實的，你沒有辦法搖擺的。

李四端：也有可能認為那是過度自信？

鄒開蓮：絕對有可能。所以團隊很重要，如果你的團隊變成一言堂就很可惜，的確會有這個問題。

李四端：有人做老闆滿喜歡當一言堂堂主，你帶人的時候，如何真的做到傾聽？因為我覺得有很多傾聽只是虛偽的身段而已，你怎麼做到呢？

鄒開蓮：傾聽真的是很不容易的功課，對我而言在工作當中，我知道很重要的一件事情就是，我絕對不是對每一件細節知道最多的人，這一點我要先告訴我自己，我絕對不可能會是這樣子。所以你一定要能夠去願意聽他懂的那個人，聽他到底怎麼想。

李四端：看你的工作經驗從一開始的P&G（寶僑家品公司），基本上都是外商組織，這算是偶然，還是你就是在找這樣的公司組織？

鄒開蓮：可能從開始就滿自然的，因為外商公司一般而言它整個培訓比較好，組織比較好，你可以接觸學到的東西，也會覺得比較多，然後漸漸地當然你有一些語言的優勢，慢慢培養下來，很自然的就是進入外商的環境，所以我沒有在本土公司做過。而且全部是美商，我還沒在歐洲公司做過。

李四端：即使你後來做主管、做總經理、做董事總經理，你也不能夠把公司企業文化改變嗎？

鄒開蓮：其實企業文化一定是從上到下，對我而言幸運的是我可以選擇母公司，它的企業文化是我認同的，如果這個企業文化一開始就無法認同，你在下面每天跟總公司的想法不一樣，你自己也過不下去。

李四端：你做什麼樣的改變？

鄒開蓮：我們把公司當成一個更人性化的場域，想想看我們每天上班時間多長，說起來真的是很可怕，對我來說至少十二個小時一天，而且是非常密集的十二小時，不是坐在那邊可以混十二小時，所以在這麼長的時間裡面，你讓工作彼此同儕間的互動，怎麼讓大家覺得你拚的東西是值得的，因此他做得好的東西，你要讓他被看到，大家會為他鼓掌。同時大家一定會有不清楚的地方，你要給方向，即便很多的不確定性，怎麼樣能夠帶大家一起往前走？這裡面很大的一部分，我覺得是信任。人跟人之間要能夠產生信任，大家就比較能夠說好吧，即便不是很清楚，我們就牽著手往前走吧。那個過程，我覺得對一個團隊是很寶貴的經驗，你會看到彼此依靠出來的結果，打過一場仗之後，那個關係就不單純只是一個工作而已。

李四端：你能告訴我們具體怎麼去培養這種團隊，我想每個公司都有碰到問題，總有人是旁觀者，總有人是不進入的，你剛剛說你需要一個戰鬥團隊，Work and Play都在一起，怎麼做？

鄒開蓮：密集地常常溝通是很重要的。例如我們用很多的模式在溝通，全部大會的、對一些部門的、對某一個層級的，還有對其中個別員工的，之所以會那麼忙，我覺得大部分的時間花在溝通非常多。因為你會認為我們已經統一一個方向了，其實下面還有很多不確定的，或是它這個部門裡面的人覺得這個方向對我們來講，好像不是很有利，這些雜音一直都在下面，你要讓大家都願意往前，你要聽到這個雜音，幫助他能夠跨越這些障礙，所以花很多的時間在個別溝通，跟很多的團隊溝通、討論。現在的領導者，如果你不願意溝通，你是很難真的可以把團隊帶好。

李四端：以前你的工作大家最熟悉的是MTV頻道，我覺得MTV的誕生跟CNN的誕生是有同樣對網路時代的意義。包括Yahoo台灣，你覺得在初期哪一個戰爭現在回憶起來還津津樂道，然後真的是戰術、戰法跟動員，你全部都運用上了？

鄒開蓮：硬要挑一個戰爭，我覺得是早年在Yahoo台灣的拍賣，那個戰爭很過癮，它是在我們並沒有證明有這方面的特殊能力的狀況之下，因為那時候eBay很清楚已經是全球的市場領導者，它決定進台灣，那時候拍賣對我們來說真的只是一個小小的服務，又正好是我們才把Yahoo跟奇摩整併的時候，要做的事情很多，突然聽到eBay要進台灣的消息。我作為一個區域的經理人，我大可以什麼都不管，老實說這也不是我們現在最重要的業務，可是我就感覺這是一個機會點來了，它聽起來就是一個機會點，我們沒有做完很多的研究，但是我們的用戶數比它多，它併購了台灣一個小的平台，顯然eBay已經做完所有的準備工作了。這一點我覺得自己還滿有創業家精神，沒有把它當成只是一個受雇工作，我把它當成像是自己的公司一樣，但是我沒有資源啊，這個東西需要新的投資，所以我必須要有一個商業計畫，我總要有一點概念去跟總公司說，你可以試試看嘛。可是那時候台灣在全球裡面還是一個很小的企業，還好我們併購了奇摩，至少總公司看到台灣有做一些不一樣的東西。所以那時候我必須要有一個想法，然後要敢去敲門，我就直接敲到創辦人的門，去找楊致遠以及他的團隊。還好在那之前，我已經跟他的團隊多多少少有些認識，當我提出這個想法給他們的時候，一開始當然也是有點嗤之以鼻，但是看了我們滿認真的，認為真有機會就給你一點點資源，我記得給我十六個人吧，同時要我們去問Yahoo日本，因為Yahoo日本事實上拍賣是很成功的，也給了我們很多的意見。這個戰役，接下來真的證明我們的方法是對的。

李四端：聽了這個故事我有幾個問題，第一個你為什麼能夠直接找到大老闆？

鄒開蓮：建立關係是很重要的，這一點我真的要給大家建議。在那之前CEO他們到北京去，就邀了我一塊兒參加，我還記得那是《財富》五百強的一個會議，所以我就認識了CEO、COO、C所有的O我都認識了一輪，所以那個對我來說很有幫助。

李四端：人脈的建立，你很早就發覺到它的重要性嗎？

鄒開蓮：後來我才知道它的重要，可是我一直很喜歡人。所以我就發覺說，去認識人這件事情對我來說沒有太困難。像跟老外打成一片，也沒有太困難，很自然的大家就建立了一些關係，當你需要用的時候就突然發覺它真的很重要。

李四端：我看到楊致遠後來把你從MTV頻道直接拉到台灣Yahoo網路，就是剛剛講的這些認識他就知道你了，還是什麼特別的場合他看到了你？

鄒開蓮：沒有，其實我加入Yahoo就是正常的人力資源介紹，但是我最後一關是要跟創辦人面談。

李四端：你還記得他問你什麼問題嗎？

鄒開蓮：我很記得！那個問題好像二十年後都還在問一樣的問題。他說你覺得Yahoo是一個媒體還是一個科技公司？

李四端：我看到好多文章跟書還在談這個問題。

鄒開蓮：我就說，它就是一個科技力量的媒體，因為明明你有人嘛，有這麼多的用戶也可以說是觀眾，我說那它就是媒體啊。但是它的背後很清楚是新的技術，我不懂為什麼一定要區別。我覺得它是這兩個的組合。但我也問他一個問題：你到底有沒有決心要贏啊？他說台灣畢竟是我的故鄉，所以我希望台灣能夠做得很好。我說就這樣

子，我就有興趣了

李四端：好像你在面試他一樣。

鄒開蓮：這是一個互相知道彼此，大家真的可以合得來。

李四端：剛剛聽你在跟eBay打仗的故事，我們第一個想到的就是你跟真正核心權力相關的人，要派上用場，平時的關係建立是非常重要的。第二個我想問的就是，贏在你的生命中是不是很重要？

鄒開蓮：目標當然一定有，你做一件事情會設定一個目標，目標通常都是希望能夠贏嘛，一定要有贏的鬥志。如果領導人你過來是沒有打算要帶大家去應許之地，那你幹嘛要來。

李四端：這個鬥志是不是會跟著年齡而消失？

鄒開蓮：我倒不覺得叫消失，而是視野會更寬廣。因為人很需要被激勵，其實這也是我過去十年的體會，每一件事並不像以前衝了就有結果，慢慢你會發覺有一些事情你可能錯失了，有的時候不見得是你一個人可以造成的結果，難道我今天所做的事情就不再有價值了嗎？一定會有這個問題。難道全天下不是市場領導者的公司都應該覺得他做事沒價值嗎？顯然不是嘛！所以這個道理就讓我會去反省說，到底價值是什麼？是那些人每天工作這麼認真、這麼辛苦，難道他都沒價值，只因為他沒有贏那個絕對標準？很多都是相對標準！

所以作為一個領導者，你還是要有贏的鬥志，過程當中一定會上上下下起伏，但你還是一樣能夠帶你的團隊，看到他的價值，讓他還能夠有動力再去打下一場仗。

李四端：這二十年你都在Yahoo工作，雖然Yahoo後來有不同結構改變，我們剛剛聽到了你有成長，也包括之前戰鬥暢贏的感覺，你最喜歡自己哪一階段的工作？

鄒開蓮：其實在前線打仗，帶領Yahoo台灣的時候還是最有趣，因為你最可以直接參與，包括併購，你可以有很多想像的空間。到後來你愈往上走，你愈要往後退居去激勵別人做事，愈來愈不會是在前線，那種感覺是另外一種。但你問我的話，我覺得前線打仗還是滿有意思的。

李四端：二〇二〇年的年底，你算是把二十年在Yahoo的科技工作告一段落，這告一段落代表的是整個離開，是你對科技業的服務工作全部結束？

鄒開蓮：只是把這個工作算是正式地結束，將來會不會再去找一個企業的全職工作，我覺得機率大概不是太大。但是我不會脫離跟科技相關的東西，也不會脫離跟領導相關的東西，因為這兩個我真的還是非常喜歡。

去年年底決定離開職場，其實也規劃了一年多的時間。因為已經做了二十年，覺得該做的都做了，也覺得團隊都很成熟了，人真的也會覺得需要去解決一些不一樣的問題，我常常跟自己說，腦袋還是應該解決一些不同種類的問題，我很喜歡解決問題，所以我需要一些新的刺激。

李四端：到現在已經五個多月了，你的生活改變了什麼？你過去解決國際大問題，現在開始解決家裡水龍頭的問題嗎？

鄒開蓮：輪不到我解決這個問題，連門把掉了都還不會解決（笑）。因為以前的生活，就是從睜開眼睛，跟美國西岸，下午跟歐洲，晚上跟美國東岸，然後半夜可能還有電話會議，一年要出國商務旅行二十幾次，這種生活其實非常高壓，但也有一點像日常例行公事。

現在的生活，我覺得很不一樣的是多樣性變多了，可以有一個比較完整的生活，生活面向還是有包括跟組織相關的，我現在在台灣世界展望會，十年前我就加入它的董事會，過去只是去開一個董事會的董事，到現在接了董事長的工作，可以比較深度地投入，我非常享受展望會的任務，幫助全世界脆弱地區的孩童跟他的社區，這個占據我不少時間。

還有包括一些企業的董事會，讓我有機會接觸不同的產業，我覺得都有一點相關，但是又有不同的面向過來看這些事情，同時我也幫一些新創的團體或者新公司做它們的顧問，這一點我也覺得非常有趣，他們都是年輕的創業者，在事業的前端有很多衝勁，但是他們可能還沒有一些智慧經驗。

李四端：講到這邊，你還是生活很忙碌啊。我看你還有一個女董事長協會，那是什麼？

鄒開蓮：對，女董協會，不管是CEO、董事或者是董事會，我們認為需要倡導，希望愈來愈多的公司能夠用女性，發揮女性的長處，讓她可以在決策的位置。

李四端：這跟婦權的觀念有點接近。

鄒開蓮：我們做過研究，台灣的上市櫃公司，如果你把CEO跟董事長，等於是最有權力的兩個位置放在一起的話，我們各自都只有百分之七、八的女性，占比相當低，即便在亞洲國家裡面比起來，我們都算是相當低的。

李四端：這可能跟你二十年前接Yahoo的時候，這個數字也沒成長多少吧，癥結在哪裡？

「建立關係是很重要的，我一直很喜歡人，
認識人這件事情對我來說沒有太困難。」

鄒開蓮：我們並不了解真正最大的原因，當然台灣有很多都是家族企業，特別如果我們看的是上市櫃公司，其實很多上市櫃公司大家要找董事，就回到我們剛剛前面講的人脈，女性不是很擅長建立人脈。

李四端：朋友很重要，讓朋友認識你更重要。

鄒開蓮：對，讓人家認識你其實是很重要的一件事。因此我們先讓更多的女性朋友們，大家能夠彼此互相支持，同時我們也是需要去跟政府倡導。

李四端：這很有意思，畢竟現在是一個女總統。

鄒開蓮：可是我們在這方面完全沒有什麼進展，還有很大成長的空間。

李四端：我想我們應該強調的是一個平權，並不是說我們特別要去優待女性。但是的確女性在很多職場上有現實的問題。

鄒開蓮：很多的現實問題，例如我看到一些數據很有意思，先看大學生跟研究所畢業生，女性跟男性基本上是差不了多少，女生大概百分之四十六吧。可是二十多歲的時候，女生的就業率，台灣大概是世界數一數二的高，百分之九十幾都是就業的，最有趣的是三十多歲開始往下掉，另外是五十多歲直線往下掉，這兩個往下掉得很明顯。三十幾歲想來當然是因為成家，我到底是要待在家裡，還是要待在職場？如果你覺得職場沒有辦法給你足夠多的彈性，或是你照顧孩子的錢跟你賺的錢差不多，很多這些考量就使得女性退出職場，我覺得這是非常可惜的。五十歲時候是因為父母，有的照顧父母去了。

李四端：很多時候好像女性責無旁貸就要擔起這個事情來。

鄒開蓮：對，自然就會，使得這個不大平衡。例如你來看歐洲國家，她們可能一開頭就業沒有這麼高，但她孩子大一點，她很容易再重回職場。

李四端：所以你們組織的這些女士們就是希望提醒社會這個問題。

鄒開蓮：而且特別是需要在決策面，當你有一個女性的CEO也好，或是女性的董事在裡面，會提醒你對這些事情的看法。

李四端：我記得你曾經談過這個問題，在你做領導者的時候，也有女同仁來問到底我要選擇家庭、要選擇事業？你的回答永遠是可以兩者兼顧。

鄒開蓮：我真的覺得可以兼顧。只是說大家在職場裡，當然有段時間是很辛苦的，如果我們是一個進步的社會，這個社會大家共同都可以做一些事情。

李四端：記得你差不多是二〇〇六年生孩子吧，正是你事業一直往上衝鋒的時候，你那時候是怎麼兼顧下來的？

鄒開蓮：那時候我四十歲吧，我幸運的是畢竟有一些資源，家裡可以請人來照顧，但其實我很多的時間沒有辦法像一般媽媽，這麼長時間每天陪伴在小孩身邊，甚至連我小孩在小學的時候，我常常看著小孩一個人坐在餐桌前吃飯，因為阿姨要拍個照，告訴我燒了什麼菜，看著照片當然會難過，覺得自己好像愧對了他，可是我還是相信上帝給了我一個蒸蒸日上的工作，祂也給了我孩子，我相信這個本質一定不衝突的。所謂兼顧，什麼叫好？我覺得最怕的就是比較，當你比較別人的媽媽都可以為他孩子準備熱熱的便當，就會覺得自己很差；可是當你不去比較的時候，例如說我現在看到其實我的小孩非常獨立，他從來不會因為我出國而哭鬧，他有某一種程度的獨立。媽媽工作的態度，我覺得對小孩也會有影響，像我女兒現在正好也在工作，剛出社會沒多久，我們有很多的東西可以交流。

李四端：這個問題我很少會去問一位男士的主管或CEO，他好像從來不要面對這個問題。

鄒開蓮：你可以發覺，如果辦公室裡一個男性說，今天我小孩生病了要請假去照顧一下，全公司起立鼓掌說他是好爸爸，可是媽媽去做這個事多做幾次，可能你就會懷疑小孩會不會牽絆了她，所以我覺得有些成見必須要去打破，更重要的是，需要給人彈性。例如我們看COVID-19疫情居家工作，你在家裡工作的同時，順便照顧一下家庭，真的會影響你的工作嗎，其實根本不會。像是Yahoo台灣一半以上的員工，在家裡工作超過一年了，我們沒有看到生產效率下降，戰鬥力什麼都沒有往下降，因此應該更有彈性地讓不管是女性、任何一個員工都看看生活其實不是公跟私完全分開的，我覺得我們都是一個完整的人。

李四端：你有沒有機會在兒子成長的時候，跟他討論你的艱難與矛盾？

鄒開蓮：我三不五時都會跟他講，你會不會覺得媽媽經常不在你身邊，對你來說好像不太好？他答案都是這沒有什麼不好啊。

李四端：你看吧，你給了他一種未來可能選擇太太的典型。他會覺得一個太太忙碌其實是正常的，一個太太有自己的事業是可以的，不見得要每天在家裡扮演傳統的角色，會不會這樣子？

鄒開蓮：我覺得有可能，因為他真的多次地鼓勵我，除非他實在是太懂事了，他說：我覺得不會啊，我也不覺得一定要媽媽一天到晚都在家。

李四端：你現在仍持續地關注我們的科技業，你最關心什麼問題？

鄒開蓮：整個科技業非常廣泛，如果更接近於網路相關的話，我最關心的是台灣的公司怎麼出海，台灣的企業能不能走出台灣？因為現在可以看得出來，所謂的大平台還都是國際的大平台，每一個消費者大部分上網的時間都還是花在這些國際的大平台。這些大平台掌握了最多的數據、最多的用戶，當然大部分的經濟及營收也都是在這些大平台上面。台灣其實有很多很優秀的人，也有很多公司不管是做B2B、做數據、AI各式各樣的，問題就是這些公司如何能夠不只是服務台灣的客戶。因為台灣的生態圈比較小，習慣於做本地顧客的台灣企業，他想的生態圈方法是其中某一種，可是你把它拉到一個相對大的市場，如美國或英文市場的話，它的生態是不一樣的。我們台灣人很喜歡從每樣小事都要做，因為經濟的碟子很淺，所以你光靠吃這個是吃不飽的，你這也要沾一點那也要沾一點，因此每個都沾一點，每一個都不夠深，可是大市場它就是你只要把這一件事做好，它可能就很深了。我們這種什麼都碰一點的商業模式，要拉到一些大市場，往往會發覺其實這不是他們做的方式，所以我覺得這個是我最關注，也是當我有機會跟一些新創團體一起合作的時候，怎麼鼓勵大家去了解你將來想進攻的市場，它的生態到底怎麼樣。

李四端：你是不是也同感台灣人在國際大企業的服務或工作扮演的角色還是不夠？

鄒開蓮：升到夠高層的人不夠，因為你在一個外商公司只是做到一般的中階主管，你對總公司的思維無法掌握。其實台灣你做一個外商企業，經常都只是比較邊陲，而且台灣又不是很大的一個市場。可是你在台灣的企業往往你是要做一個總公司的思維，而且往往你要想的是跨國的，台灣公司立足台灣，但是它所服務的客戶可能是在很多不同的國家，其實你是要有一個高度開闊的思維，可是不一定我們所有做外商的人都能夠有比較高的視野，可以看到總部的思維。

這點就是我覺得自己很幸運的是，我們公司Yahoo十個CEO從第一任到最後一任，我曾經直接報告給七位CEO，所以讓我有機會可以從總公司的眼光過來看，他們怎麼看這些市場？怎麼來做決定，他們怎麼去判斷？這個東西對我們很多的企業，當他在跨國的時候，其實都要有這些思維。

李四端：這不僅是幸運，這也證明你的能力跟特質。我很高興聽你分享這些，但畢竟還是片段，我相信你未來會透過很多論述或者演說的方式來傳遞，你將來會不會把這些經驗做一個更完整的紀錄，譬如出書或怎麼樣？

鄒開蓮：你覺得這有價值會對大家有幫助嗎？

李四端：你不是告訴我們，當你覺得有價值的事情就先去做啊！未來一年有沒有什麼目標？

鄒開蓮：我希望這個疫情可以快結束，我終於可以再去旅行一下。

（二〇二一年六月）

線上觀賞

SCAN ME

吳淡如：
唯有學習，不會變成沉沒成本

·端哥開場

吳淡如的文字和談話總是給人正面形象，她是人生的成功者！她成功的關鍵是求勝心＋毅力＋善用資源並且活用戰略。她說：「我身體裡面有兩個人，一個很文青很感性；另一個是徹底的商人，拿著盾牌、利劍面對現實社會。」她很強調經濟自主的重要，一輩子努力做一個滿足的自由人。

人生的挑戰很多。她說：「與其崩潰，不如想方法，一步一步突破它。不必急著求進步，但必須朝向目標往前走。」吳淡如的毅力與堅持讓人感佩，但光有毅力還不夠，聰明如她更強調，要思考出可執行的戰略，然後朝著目標，堅定的緩速前進。

網路世代質疑少不了，吳淡如卻大度的說：「世界上只有百分之二十的批評需要聽。」即使酸民譏笑她是過氣老藝人，她一樣坦然：「過氣總比沒氣好，正因為過氣，我更能擁抱自己的生活。」很佩服吳淡如，在她身上，我們確信學習與自由的可貴。

李四端：這位來賓擁有很多的頭銜，更有很多令人羨慕的，包括擅於理財，包括她文思泉湧，擅於學習、擅於分析，以及利用時間。但我覺得最可貴的還是她說話直接、明朗、爽快。吳淡如小姐，我覺得你是個最會善用時間的人。

吳淡如：因為我已經在跟時間賽跑了。

李四端：過去這一年半以來疫情之下種種情況，很多人覺得自己好像浪費了，或空置了很多歲月，你絕對不是，你完成了多少事情就在一年半之內？

吳淡如：有些還不方便跟大家講，但主要就是，比如說我六大馬跑完了（東京、波士頓、紐約、倫敦、芝加哥、柏林），而且不只這樣，我後來有獎牌上癮症，所有的線上馬，我喜歡得到成就感。

李四端：我不太懂，線上馬怎麼個跑法？

吳淡如：比如說六大馬，只有柏林，我是真正到那裡去跑，被雨打了六個小時。但像倫敦還有波士頓，其實我的成績是進不去的，因為它要五個小時以內的成績，我就是六個小時以內。但是線上馬，大家剛辦它就很寬鬆給你獎牌，你只要用它的軟體，登記你的步伐，不是每個馬拉松都規定一天跑完，你什麼時候跑都可以，就是把它按下去之後到八個小時內你跑完，你就得到獎牌。

李四端：你都在哪裡跑？

吳淡如：我都在河濱公園，四十二公里剛好是從我們木柵政大附近跑到淡水，我完全會算里程。其實如果一天跑完真的很硬，某一個馬拉松，因為我後來真的熱到不行，我有偷偷騎了七公里的車我承認。（笑）

李四端：我們不講哪一個，這完全忘掉。

吳淡如：沒關係，大部分是真的嘛。

李四端：所以六個馬拉松，你就以線上的方式在疫情期間把它跑完了。

吳淡如：對，其實我不只跑六個，應該跑了五十個。後來很多人辦線上馬，比如中國的城市，杭州馬，上海馬，北京馬……我全部都有獎牌。

李四端：很多人是抱怨我出不去了，我怎麼樣；相反的你完全不僅沒有抱怨，而且你自己尋找能夠運用的機會。

吳淡如：我的個性有非常彈性的地方，這個非常適合當商人，也就是當情況改變或大家不需要這個貨物時，我轉得很快，不會遇到了花崗岩繼續打，我會想現在花崗岩已經在前面，那我是不是有其他的地方還可以打這個隧道呢？這就是我對待疫情的精神。

李四端：你現在出一本新書叫做《人生實用商學院》，講到你的人生座右銘：「別跟我比毅力」，這句話你要不要自己來發揮一下？

吳淡如：其實大家都知道，我這樣講有點自大，我書念得很好，對不對？

李四端：北一女、台大法律。

吳淡如：我沒有考過不是第一志願，但我後來發現自己沒有特別聰明。我普通，如果是烏龜跟兔子，我還是算兔子，卻不是跑得很快的兔子，但是我一路走到黑的精神，你很難比。舉個例子好了，念北一女的時候，我是鄉下小孩嘛，上課英文也聽不懂、數學也跟不上什麼都很糟糕，而且十四歲而已還要一個人租房子生活。但那時候你與其崩潰，你不如想方法。我會慢慢來，比如說英文不好，那我就會拿一本《塊肉餘生記》的英文本開始看，每天我就會念兩頁、兩頁、兩頁，我也進步得不快，可是大概過了一年多我就發現，其實旁邊那些要趕上我也已經困難了。我都是用這種方法，就是不要急著求進步，但是我在往前走，而且你知道我活了這麼久，已經五十幾歲了嘛，每一天我都在往前走，這是很可怕的。

李四端：毅力這兩個字，我覺得它是事情成功的關鍵，因為動力可以有、體力也可以有，但毅力……

吳淡如：老實說每次說到毅力，我自己心裡會偷笑，光有毅力是不夠的，其實這個跟商學院講的會有關係，你可能還需要戰略，對不對？你要用你的腦去思考出理性方法，我從小是個想要立志當作家的人，你知道作家後來命一定都不好，而且文青其實跟藝人差不多，我們是以感性生活，我的本質一定是感性大於理性。所以我一直在找一個方法就是，我怎樣去說服自己，然後讓自己往前進，其實這個還是很重要。後來我顯然找到方法：一不要逼自己太緊，二要訂進度，三其實大節不踰閑、小節出入可也，就是小事情有一點沒關係，但是我第二天會補上。我就是靠這種緩速前進，來做我所有的事情。

李四端：你對周遭事物的觀察敏銳，你會不會是一個很敏感的人？

吳淡如：我是，所以我說我從小是文青，一個文青一定是有過多的情緒跟感性。

李四端：你克服挫折，靠的是什麼？

吳淡如：其實大眾傳播、媒體的經驗，也給我很大的考驗，就是你不管怎樣、有做與沒做，總是會有人來攻擊你，講一句話好像也無是無非，但總有人會把你誤導到每個地方。剛開始我也很憤怒，我心裡跟很多人一樣講過你這個人真可惡，或者是我再也不要這樣混了。後來我想說，不對啊，大部分還是好人，按照比例原則，壞的也只有一小部分，那現在的問題顯然是我既然已經在這個環境裡面了，進了廚房身上都有油煙，怎麼樣把油煙擦掉，不要放在你心裡，這樣子比較重要。你要像電腦一樣，刪除很多事情，不要在午夜夢迴的時候，把那個雞毛又變令箭，然後當別人傷害你，你不要拿他對你的傷害，質疑自己或傷害自己。

李四端：善忘可能比較好一點，在我們的行業。

吳淡如：不是每個人的意見你都要收聽，其實對你的意見之中，大概人生意見只有百分之二十要聽，你如何去過濾那百分之二十？你先要看看他是不是真的專業人士，他講這句話或他批評你，或他只是給你建議，到底是批評、建議？你要分清楚，你做不做得到，就算是很有用，你做不到，那答案就是沒用。比如說你叫我去拿諾貝爾獎，那就忘掉它啊，那又不是我的願望。人有時候不要把自己的欲望強加到別人身上，其實這就是網路酸民的由來，他們自己的無能，他就會加到一個他有期望的人的身上，其實人應該期望自己。

李四端：你這話又說痛了網路的酸民。

吳淡如：我常常在罵網路酸民，完全不客氣。我都覺得明明你是有用的人，拜託你做點有用的事。

李四端：我說你最會善用時間，你看你不僅完成了六馬，學習這條路你這一年半完成了哪些？

吳淡如：這一年半剛好就是因為疫情關起來，我才有空去考博士班。我考的第一個博士班是嶽麓書院（湖南長沙），那是個千年的書院，但我老實告訴你湖南大學並不收這麼老的學生，我是創校以來最老的一個學生，因為我不是在職博士班，我是全日制，也就是我的同學都二十六歲，我這一次要這樣殺進去很困難，如果不是疫情，我沒有辦法好好讀書。

遇到疫情時，我就知道說我的願望快要實現了，你知道要重讀高中課本，不是我們的高中課本，是他們的高中和大學的所有課本，然後我就很努力地開始。我的步驟都是一樣，絕對不用力過猛，就是一天二十頁把它記起來，後來就去參加考試，而且那時候很高興地發現我不需要一直都待在學校，因為疫情學校允許我在線上上課，這不是大家都可以，就是只要我去拜託同學幫我直播，同學也都很熱心，於是我就這樣子把歷史學博士的所有課程，竟然讓我修完了。而且我偷偷告訴你，我一定是最高分。但我很努力，一直到現在就算課修完，我去補足，比如同學誰開給我書單，就是人家已經在碩士班念的，我就是慢慢地跟上，去補足我不足的所有部分，包括考古學，包括各個朝代的歷史考據。

李四端：談到求學這條路，你為什麼要不斷地去學？

吳淡如：我非常喜歡讀書啊。

李四端：現在你又錄取了另一個博士班（上海交通大學中歐國際工商學院瑞士分校商學博士班）。

吳淡如：你有沒有覺得學校就是一個伊甸園？我跟你講，我喜歡讀書，我喜歡我不知道的知識，我覺得我的方法跟別人不一樣。

李四端：你喜歡念書，那是絕對的。但是你在念書當中，你是要爭得什麼，還是獲取什麼？到底哪個比較重要？

吳淡如：比如說我們現在去念兩個博士，你如果現在年輕二十七、八歲家裡栽培，你是不是一定要拿到學位？

李四端：對。

吳淡如：可是我沒有一定要畢業，所以我沒有壓力。我是純粹抱著一種求知，而且是跟專業人士學習，不是隨便混江湖。

李四端：你的求學路都是為了自己，但是你最後都求到最好。

吳淡如：我大學念法律，我真的很不喜歡，但是後來我也拿到書卷獎畢業，然後畢業那一天，我把六法全書燒了。對我人生而言是一個很好的決定。

李四端：你後來為什麼沒有去當律師？

吳淡如：我念了才知道我不喜歡，那時候我年輕好勝，為了要證明我不是念不好，你知道，我不是因為念不好才不幹的，我是念得好而不幹，就表示我不是被淘汰者，所以我那時候非常努力。

李四端：所以吳淡如的成功，我們剛剛聽到了不僅是毅力、不僅是動力，還是一種證明，你在證明很多事情。

吳淡如：是，但是我覺得我人生最大的缺憾也是，其實我沒有野心，如果我更有野心就好了。

李四端：既然我們談到這個，你是贊成終身學習的一個人。

吳淡如：是，我完全肯定。不管你幾歲，只要你眼睛還看得見，就算你看不見可以用聽的。而且跟我一起工作的人或者朋友會很可怕，你會發現他們剛開始會說，我沒辦法、我記憶力不好，結果後來也一個一個回到了學校，或者就在進行某一種訓練。

李四端：你怎麼說服他們的？

吳淡如：我感化他們。就像我有很多家庭主婦朋友，比如陽帆的太太她就會跟我說，淡如姐我覺得很悶。然後我會記得這件事，如果我去學咖啡烘焙，我就會叫她：來，現在有了，我要去學一個什麼，你要不要一起過來？我在學做蠟燭，我去考韓國的蠟燭執照，有一天余皓然她就被我叫去考蠟燭的證照，然後她拿到的時候就說，淡如姐你知道嗎，這是我人生第一個證照。所以後來他們每個人都在學習，就是說我旁邊的朋友，不一定要讀書，但是他會被迫進入某一個技能的學習。

李四端：我投注學習，金錢就會滾滾而來？

吳淡如：如果你想要學習就得到金錢的話，我覺得你還不如去擺地攤，收入比較快。其實學問、知識有它另外的意義。我去念歷史博士班幹嘛？它沒有任何現實意義。

李四端：我很羨慕，我覺得能夠在那個環境，一個充滿歷史感的地方，然後去看到文化的傳承，跟一群這麼好的人在一起，那就滿足了。

吳淡如：是，我就說你們不要管我，我穿著宋朝古服在學校裡面晃兩圈，我也覺得值回票價，何況我跟朱熹一樣，在這個學院裡面讀書。如果什麼都要算成本的話，我現在大概也賺不到太多錢。

我的《人生實用商學院》是在算很多的成本，叫你有基本的成本概念，可是你對於你的夢想不可以算成本！這世界上唯一不會變成沉沒成本的（指已經發生且無法收回的成本），就是你讀過的知識跟書。

當然時間永遠是一個成本，那你就要會周旋，為了要去念歷史學博士班，我其實做了一件狠事，大家都不知道。我有挺多公司的，比如說日本的公司好了，我二〇一〇年在日本有一個資產管理公司，剛開始有員工，我為了要讀書，我把大家都辭退掉，其實剛好大家也想走啦，於是該發的錢全部花一花，然後我直接找到一位慶應大學他有房地產執照，我就信任專業跟他說我們簽個約，就是以後你幫我管，我分多少錢給你，但我可能沒有辦法常常來，很多事情你照管，就把它變成非常契約公式化了。結果不多久疫情來了，我真的覺得自己做得太漂亮了，我發現這其實剛剛好是最好的方式，也不用製造太多的損失，然後又管得到，正如我願。其實在很多地方，我都是這樣處理。

李四端：我一直在歸納你的成功之術，我看到了學習的動力，看到了毅力，我看到了你人生中很多的時候，夢想跟成本之間有的時候有差距的，你怎麼會那麼利用，會懂得分配時間？你有沒有看到很多人不懂，或者他自己浪費了，最後他一無所成，或者他跟你一樣有動力，但是就因為時間分配問題。

吳淡如：因為我人生沒有別的籌碼，你說為什麼會有那麼多時間？其實我每天還睡足八個小時，但就是有時候要狠，該狠則狠，比如說早上六點要起來，一定要開跑馬拉松的話，你可能要早一點規劃，可能你四點半就要出門，大概就是這個意思。你企圖全面都做到，對不對？其實沒有，我還是用一種有效的管理法在做到，小孩你還是要顧啊，可是不諱言這十八年來我有司機，所以他也幫我做了一些，我不是一個每片尿布都自己換的媽媽，當然我一定會，可是我會去善用別的資源，甚至我先生，比如當時顧新生兒，尤其我們家早產兒是很難顧的，先生又在大陸，已經到了四十幾歲又面臨到一個身體不太好的小孩怎麼辦？你知道我跟我婆婆住了三年，而且我們相處得很愉快，大家就會跟我說怎麼可能？我其實有訓練過婆婆，一開始她跟我住的時候，我先生很緊張，他說媽是海巡署的就什麼都管，你的個性絕對不能跟她住。我跟他說不會，我說，媽現在事情是這樣的，如果有一千塊、一百塊、十塊、一塊，一起掉在地上，你只能彎腰撿一個，你要撿哪一個？

李四端：一千啊。

吳淡如：她就說當然一千。我說現在是這樣，這個小孩的命對我而言就是一千塊，我也生不出別的孩子，我一定會要把她顧好，現在你來跟我住，重要的就是我們兩個要把小孩顧好，其他萬一有忤逆你的地方，哪個不順眼，你直接告訴我，那都是一百塊十塊一塊，還有我跟你兒子的婚姻，如果小孩是一千，他大概也是一百，所以我們兩個要把孩子顧好，我婆婆就笑了。其實你只要好好講，她是會理解，所以那個一千塊最重要，於是我們就非常開心地住了三年。

我的意思說，你為了那一千塊的達成，大家要忍耐五百、一百或者什麼，很多人會在乎那個小節而生氣，像我洗過的碗，我發現她一定會再洗一遍，我就跟我婆婆說，做家事真的不是我在行，與其我不好意思要洗給你看，不如這樣反正你洗得乾淨就你洗，她也接受了，因為那個是一塊的事情。

李四端：你婆婆有沒有覺得跟你住了三年之後上你的當了。（笑）

吳淡如：我覺得她滿喜歡我的呀，因為你跟我不用計較小的事情，小事情我一律不會放心上。

李四端：所以各位觀眾，淡如剛剛講了很多，你要來學習她的歸納，她的歸納有一個很重要的是在每個階段都有她自己的戰略，而且她的戰略裡面，她又步步、步步的走，絕對不會亂掉她的步伐，她的戰略不論成功與否，她都能很和緩的達到她的目的，而且不知不覺當中，你也開始喜歡她了。

吳淡如：我知道我是有一點尖銳，我講話不喜歡繞彎，因為那叫浪費，會浪費我們的人生，大家年紀大了繞什麼彎呢，你不是要聽到一些很直接的事嗎？

李四端：所以不善用時間的人其實就是在給自己找藉口。

吳淡如：是，所以有時候我會選擇不說，因為有些人並不是要你的真正答案，我就會不說，但是我不太繞彎或講一個違心之論。

《人生實用商學院》Podcast我天天更新，目前已經有三千八百萬的下載量。一開始是我去錄朋友的Podcast，我很好心說來我們家錄，後來他就說，我就用你的名字把那一集放上去當第一集。結果過兩天我就發現，天啊我的第一集已經變（收聽排行）第六名了。那第二集在哪裡，於是我就開始，本來只弄一個很簡單的麥克風在講，不知不覺就更動了好幾集，等我差不多到了前幾名的時候，大概第一個禮拜內有一個酸民，他故意給一顆星，他說過氣老藝人不要來新媒體蹭流量，去回社區老人大學教書吧。

李四端：就算我們真的過氣，也不能直接了當這樣子講啊。

吳淡如：就是嘛，我跟你講過氣還要有「氣」啊。我有一點生氣，但是其實商學院策略不是這樣。我後來就在我的臉書上回了一個說，我要回答你的問題，第一謝謝你肯定我教社區老人大學的實力，只可惜沒有人找我。

李四端：先自我幽默一下。

吳淡如：對，第二其實老也沒什麼不好，我祝你幸運地可以活得跟我一樣老。這個已經很尖銳了。第三過氣其實很美好，因為人只有真正過氣，才不會去當那個風口上的豬啊。我們就是因為已經過氣了，所以才看得清楚、才能擁抱自己的生活，所以我其實是滿喜歡過氣的。結果後來我就變第一名了。

李四端：我做一個小小的觀察，不知道你同不同意。人生的遊戲當中，無論哪一樣你都可以參與，而且只要有名次、有對手、有競爭的，吳淡如更是特別興奮。

吳淡如：尤其是新的遊戲，你看我四十幾歲敢生第一個孩子，已經到了那種危急症狀。

李四端：大家最熟悉代表你的稱呼是作家，可是我覺得作家絕對不能夠滿足你。

吳淡如：其實我想當商人。因為我身體裡面真的有兩個人，最少兩個，有一個是很文青的，我本質上是感性的。另外一個就徹底是個商人，他始終用著一面盾牌，手上的劍也很利，在面對現實社會。

李四端：商人是怎麼來到你身上？你父母親都是老師，所以你的商完全只是因為你，按照你自己所說的，你的生活中需要很多的奮鬥。

吳淡如：其實是到我四十歲台大EMBA才萌芽，本來我的個性裡面就有比較剛硬的部分，當文青的時候我始終都在磨自己的稜角，但是有一天我發現了，不對，我能夠活到現在，其實外在沒有人在保護你，你的家庭背景就是鄉下來的，然後期待男人保護恐怕也都沒有如願，所以我一直就是自己保護自己。

李四端：這句話在你的書上有，我就要來問一問了，「女人當自強，男人可靠還是房子？」這話到底什麼意思？

「永遠做你自己！不要先去問別人的意見，先去聽你自己心裡聲音，
你現在想做什麼跟今天想吃什麼一樣重要。」（圖片提供／吳淡如）

吳淡如：我在演講會場問過，台下百分之九十五，除非新婚的，回答都是房子，不是嗎？

李四端：這句話反映了時下女性跟男性的心理？還是在經濟動物上面來講男人愈來愈不行了？

吳淡如：我不能說男人愈來愈不行，我只能說在這個社會上，你知道男人為什麼要行？為什麼念歷史？就是你們是農耕社會的產物，以前是要去當炮灰的，而女人不行，所以軍國主義，男性一定是重要的。可是人類的大腦就是爬蟲類腦進化很慢，時代都到了商業社會，還在重男輕女完全沒有意義，因為你們再也不耕田了，也不去當炮灰了，可能我按一個鍵，一顆飛彈就射過去了，是不是？所以基本上性別在泯滅之中，你現在高興當第三性、當女性、當男性。

李四端：還是很多男性是董事長、企業家、總裁、國際領袖，難道這都不算嗎？

吳淡如：我沒有說他們不行，而是男女的角色已經沒有那麼重要。

李四端：女人當自強，意思是女性要有自己的經濟能力。

吳淡如：還有自己的房子，這是吳爾芙（Virginia Woolf）講的。

李四端：房子應該是一個象徵。就是女性一定要有經濟自主。

吳淡如：經濟自主，然後有房子，就別人趕不走你。

李四端：以時下的一般女性來講，你覺得她們要去求取經濟自主，最快速的方式是什麼？

吳淡如：培養自己的能力，投資你自己，有兩把刷子跟專長。

李四端：投資我就問買房子這件事情，你提出一個理論叫「買房動物經濟學」，買雞、買豬、買馬什麼意思？

吳淡如：這個很簡單，很多人問現在可不可以買房？我覺得這個問題實在並不是很聰明，請問你要自住還是要投資？這是完全兩個不一樣的東西。買房動物經濟學講的是投資第二間房，第一間房完全不在這個範圍，你就是住，關心它的漲跌幹嘛，住就是你自己在省房租。但是如果是第二間房，那就是雞、豬或馬。雞是怎麼回事？譬如說二〇一〇年我投資日本，那時候很多人在唱衰，但我心裡非常清楚那就是一隻雞，貸款利率大概百分之一，平均可以賺大概百分之九，答案是九年就回本了。

李四端：所以你的雞指的是？

吳淡如：雞它會生蛋，那個蛋還可以再生雞，雞是指每天生一顆蛋，它本身的容量大概生不久就會超過本來那隻雞的，但是這隻雞沒辦法變肥。

豬是什麼呢？你看目前中國或越南的房子最清楚，譬如說我在上海或香港的房子它們很明顯是豬，因為它長肥了，漲二三倍了，可是它的租金非常少，也就是說它不會生蛋，但是它自己在長肉。

還有一種人很不切實際，這個失敗已經到處可見，你為了買一個度假屋自己住，其實那是一匹很貴的馬，然後你只是跟別人說，大哥，我有一個別墅喔，有空來我家住，其實人家也不要去住，他還不如住五星級飯店。結果你一年住不到五天，養馬就是這樣，你一個月騎得了幾天？超級的貴，比養小孩還貴，這就是馬。

李四端：但在人前似乎可以很拉風，我有一匹馬。

吳淡如：就是拉風，但是它不會增值，這個就是我的投資房理論。

李四端：這個比喻方式是你自己想出來的嗎？

吳淡如：當然，你看學校老師會用這麼俗氣的方式來教我們嗎。

李四端：這淺顯而易懂，而且真的很好記。

吳淡如：這個我已經想出來十年了，我都按著它的方式在操作。其實如果你腦袋清楚，投資錯誤的可能性比較低，而且並不需要那麼費周章。

李四端：吳淡如做了這麼多事情，從我們講念書、後來當記者一段時間開始寫書了，開始進入投資、有這麼多學問，現在你透過Podcast影響這麼多的人，你有沒有想要去改變別人呢？

吳淡如：我覺得《人生實用商學院》是想改變別人，因為我看到很多，包括EMBA同學已經到了五十歲事業曾經那麼成功，還有演藝圈的人錢都賺得比我多，為什麼到最後都沒剩下來？而且最後當你開始沒有收入的時候，老婆告你、你告老婆、孩子恨你、醫藥費沒得籌，這是很悲慘的事情。

但是很多道理非常非常簡單，只要你按部就班，有一點概念，你不會去恨別人，將來也不會恨自己，這是指理財跟投資的部分。可是我覺得台灣人有一個最偉大的通病就是，他每次問你什麼問題，譬如說以股市而言：請問現在是進場的時候嗎？你想幹嘛？你到底有沒有看書啊？歷史已經讓巴菲特證明給你看，任何如果你不是看長期的，包括索羅斯，每個人都可能面臨破產的威脅，所以你為什麼要那麼聰明把自己搞到破產，或到老的時候一無所有呢？很多人都是在賭一把，有沒有？現在可不可以進去？他想幹嘛，賺一票啊。其實只要把賺一票念頭劃掉，每個人都可以持盈保泰。但是一百個人之中，大概到了我的年紀覺得以後有所靠，不需要還在籌學費，也不需要為將來籌醫藥費的，一百個中大概只有三個。

李四端：你覺得到現在成功地改變了多少人，或者是你有看到改變了嗎？

吳淡如：我不太清楚，不過我最近訪問奧運金牌得主朱木炎，他好可愛，我本來不認識他，但他是《人生實用商學院》的聽眾，他就說我如果早一點知道，就不會把那個獎金賠掉了，他終於知道什麼叫做規劃。但很多時候人家看你有錢，被借走、被騙走、亂投資就不見了。

李四端：這就是你想給他們帶來的提醒，最後甚至是改變。

吳淡如：對，但是我沒有那個野心說我要改變多少人。我做《人生實用商學院》前兩個月，我就是自己做，完全沒有問酬勞，當然來上節目的來賓也沒有酬勞。我完全不問回收的做，因為我其他也撐得起來，我不需要賺這個錢，結果慢慢地就會累積一種力量。其實我自己一個人對著麥克風在講的時候，最重要一件事情不是你得到什麼，而是本人我是不是有得到樂趣。我永遠是站在這種沒有野心、自我滿足的狀況，所以我不需要講假話。

李四端：當你不為所求的時候，才是一種最大的快樂。接下來你自己有沒有規劃未來三到五年，你要做什麼？

吳淡如：其實真的沒有，我想到這個博士，只要某一天早上起來發現自己不會沒事做，我就覺得挺高興的，你看我的想法跟別人不一樣，我想說有兩個博士論文在等待我寫耶，這應該是很大的挑戰吧，我沒遇過耶！所以我永遠是這樣的心態。那寫不完關我什麼事，我盡力了，最重要現在是我的命要健康，這樣我就寫得完，也就可以讀得完。

譬如說我在建立我自己的媒體，我其實講的課程都不通俗，有時候講理論，連會計我都講，有人跟我說聽不懂，我說那你再聽一遍。就是你不需要再討好，我貢獻我所學的，我也不收費，要聽就聽吧，你要是覺得不好你別聽，我也沒欠你。

李四端：淡如，很難得在節目中邀請到你，最後有沒有什麼話留給我們大雲時堂的觀眾？

吳淡如：永遠做你自己！不管是怎樣，都不要改變你對你自己的期望、你對你自己時間的規劃，永遠不要先去問別人的意見，先去聽你自己心裡的聲音，你現在想做什麼跟你今天想吃什麼，一樣重要。

李四端：這是一個真正獲得自由的人，告訴你自由的可貴。祝福你。

（二〇二一年八月）

線上觀賞

SCAN ME

馮翊綱：對得起自己的表演藝術家，觀眾自然會留下

· 端哥開場

「我要把相聲做成精緻的表演藝術！我要做一個對得起自己的表演藝術家，而不是只會討好觀眾的綜藝咖。」相聲大師馮翊綱不趨附流俗、不一味討好觀眾，他對藝術的堅持，讓我動容。馮翊綱曾經因為心肌梗塞緊急送醫，孤身躺在病榻上，他居然靠著背誦陶淵明的古文〈桃花源記〉安定了靈魂、走過鬼門關。他心心念念的中華傳統文化，已經融入他的作品、進入他的生命，「我堅持提倡中華文化，談李白、曹操、蘇東坡……，儘管不合時宜，儘管政治不正確，我只做自己最該做的事情。」

身為藝術工作者，馮翊綱有自己的堅持，他說：「我不會為了討好觀眾去玩時事哏，去大篇幅的酸政治議題。我只專注表演藝術，別的不考慮。」這股悖離市場的傻勁，我想，正是藝術家的執著。至於他的相聲搭檔宋少卿，馮翊綱雖然在節目中多次表達對他的讚賞。但不論我們節目單位如何召喚，兩位「相聲瓦舍」的要角，至今仍不能在時堂桌邊同框。

李四端：馮老師跟我算是舊識了。我記得上次我們談到有一次你在上海表演的時候心臟突然不適，但你把九十分鐘的表演撐完了，恐怖透了你。

馮翊綱：兩個九十分鐘，一百八十分鐘撐完了，然後才就醫。

李四端：醫生才告訴你多嚴重。

馮翊綱：對，自己沒有料到居然很嚴重，太不在乎了，事情發生來講四年了。

李四端：四年了，那時候你們剛剛過相聲瓦舍的三十年吧。

馮翊綱：相聲瓦舍現在三十三年要過了。我一直是在振興醫院保養我的心血管，去年九月分的時候，在醫院檢查出來身體又有一點反應了，因為那個事情相隔三年之後，心血管的問題，你自己身體有了經驗，有了記憶之後，就早一點跟醫生商量，醫生幫我做檢查，又加裝了兩個支架進去，所以我現在心血管裡面四個支架，跟我們上次見面的時候不太一樣，我又晉級了。

我的醫生拿阿輝伯（李登輝）來勉勵我，他說「你知道李先生身上多少支架嗎？」「是不是八個？」「十三個。」我說唉呀那李先生活到九十七歲耶。

我每天注意血糖跟血壓，然後要忌口，但是我也沒有那麼嚴格。

李四端：我們今天擺東坡肉在這邊，就是刺激你。說實在話，食物現在對你的誘惑力多大？

馮翊綱：我什麼都可以吃但是要有節制，那個東坡肉，你讓我把那一塊吃了，就要了我的命，我只能吃一口。那個宋嫂魚羹，你說讓我把它喝了，就要了我的命，可是你讓我喝一勺，我都可以。

李四端：淺嘗輒止究竟是一種折磨，還是一種美感？

馮翊綱：美感！因為你終於知道粗茶淡飯，知道我父母親從民國三十八年一路上，我們小時候老講這種故事，我們一路上什麼都沒得吃的，你們現在什麼都有，還不珍惜？這種話我們聽了耳朵都快生鏽了。現在到了父母親的年齡，就會明白說父母親那一代人，就是粗茶淡飯，就是五穀雜糧，他們都是對的，所以他們都長壽。

李四端：淺嘗輒止，我一點都不懷疑你，因為我深知你的自制力是特強的。你當初戒菸，你就是把自己想像成一個不會抽菸的人，從來都不會抽，然後就戒掉了。你為什麼不現在乾脆把自己想成一個情況更加麻煩的人，然後你就說吃素好了？

馮翊綱：現在有血糖儀嘛，打下去一看過關，我說還可以吃！

李四端：我手邊有一本書《相聲百人一首》算是你新出的嗎，有些觀眾在頻道上已經看過作品了？

馮翊綱：今年的書。它是這樣子，上一波疫情二〇二〇年開始的時候，我們被困在家裡面，我就必須要做一點困在家裡的事情，然後同時要想著如何帶領著這些新人，尤其是比較年輕願意寫作的人，跟我一起做點事情，所以這就是我們的集體創作。然後改編成劇場的演出，演著演著呢，沒演完，這一波疫情又來了。

李四端：你是以中國的詩詞為底，然後跟另外一位徐妙凡小姐一起創作的吧？

馮翊綱：不只她，我們兩個人是出題，一共寫作的人有二十來個。

李四端：也拍出了很多短片，短片就是有你的弟子，或者好友一起來演出，然後最精華的，我覺得你後面畫龍點睛出現，說明一下這裡面它的來意，以及現代人用什麼觀點去看它。這個短片會成為一個劇嗎？

馮翊綱：這個短片就叫《相聲百人一首》，有一百個小段子，我們把其中的三十三段挑出來排戲，變成了舞台劇，正好相聲瓦舍三十三年，這齣舞台劇就叫做《三十三》，現在還在演出中。我們二〇二一今年的下半年繼續排演《三十三》，現在等文化部一句話，說開放，我們就可以回劇場裡面。

李四端：這個劇裡面你最想說的是什麼？只是提倡中華文化嗎？

馮翊綱：提倡中華文化，在我們兩個人對話講起來，好像是稀鬆平常、理所當然的事情。可是你知道，我們當下台灣社會，提倡中華文化多麼地政治不正確。我們原本做表演藝術的人，尤其做喜劇表演的人，很容易忽略這件事情，總覺得好像要觀眾喜歡你，你的話題要觀眾接受，愈多的觀眾接受你，你愈能存活。可是關於我這個人政治不正確這個事情，是我去香港演講，香港光華中心的同仁介紹我出場，他說：各位香港的民眾，這個馮翊綱，你聽他講話，你就知道他是多麼地政治不正確，你會以為他是一個從大陸到台灣發展的同仁或是學者；絕對不是，他是土生土長道道地地的台灣人。這個政治不正確，是那個時候講到我身上來。

我覺得說對啊，我應該把大眾傳媒要站在永遠監督政府的立場上的政治不正確的態度，放在我的創作態度上面來。尤其我要講的內容，我想談的文化的浪漫，很多人現在就避開了，從早期開始說我們多談本土嘛，多講一點閩南話，多融會一些客家話，都這樣子想；可是在我的作品裡面，我居然想談的是曹操，想談的是李白，想談的是楊慎，全部都是中國人。我們想讓大家知道，所謂中國人這個語意，它的寬廣度有多大，它是一個包容性很大的意義，文化的意義、血緣的意義，它不是一個政治的意義。我想要在我的作品裡面，一點一點地盡量做這樣的事情。

李四端：這本書以及新《三十三》劇的表演，你又怎麼去延伸你剛剛講的這個理念呢？你融入了哪些在裡面？

馮翊綱：我什麼也不用融入，因為時空變異的關係，在現在條件之下，我們只要盡量把年輕的觀眾朋友，叫到劇場裡面來看這個戲，對他們而言的衝擊就是非常地大。這些古人對我們來講，被老師強迫要背他們的詩詞，強迫要認識他們的這些人，那麼對現在的年輕小朋友而言，全部都是陌生人。所以對這些小朋友，他只要能夠進到相聲瓦舍的劇場，看到這個作品的內容，順便可能認識了這些人，他離開劇場回到家裡面去，他有一點精神去Google，翻一下他爸爸媽媽以前的書本，我覺得我們就做到提醒的功能。

李四端：真有這樣一個年輕的觀眾，如你所說進來之後，他可能立刻會問一個問題：我為什麼要花這些時間，如馮老師所期待我去做的，今天我生活裡面為什麼要去做這些？

馮翊綱：你從生活的表象上面，你一下子看不到。我說我的親身經歷，就又要回到剛剛前面的話題，當我孤身一人，被醫生判定心肌梗塞，必須要留院觀察。我在上海，醫生護士都是上海人，在那個異鄉異地的地方，單獨地躺在床上，鼻子上插著氧氣管，聽到旁邊的機器聲音嗶嗶啵啵在叫……腦子裡面突然開始背誦：「晉太元中，武陵人捕魚為業，緣溪行，忘路之遠近，忽逢桃花林」（陶淵明〈桃花源記〉），你腦子裡面可以浮現這些文字的時候，你知道你的靈魂在安定。你自己憑你的記憶，憑你的靈魂養過的那個部分，讓你自己安定下來。你肚子裡面有點墨水，你的靈魂才有安定的機會，這是我的體會。

人要趁年輕的時候，有一些這樣的吸收，有一些這樣的背誦，以備有一天你的靈魂能夠自己陪伴自己，不孤獨地躺在病床上。

李四端：再引申你的話，那什麼文字也都可以了，只要有一點文字，有一點文化的東西，在你的底蘊裡面就可以？

馮翊綱：是，所以我提振的是我的興趣，我提供的是我對於中華古文的興趣。如果你對日本的古文有興趣，你就要加強你在日本古文上的精進了，對吧。

李四端：這樣子來說，你的這個推動工作，應該沒有任何政治符號加在你身上，因為你只是選擇了中國古文。

馮翊綱：沒有錯，但是你看我們現在當代的這個氣氛，我舉個例子：我很喜歡唱戲，在我的作品裡面，常常要唱西皮二黃、要唱京劇，而我一個非常優秀的學生還不到三十歲，也非常愛唱，但是他愛的不是京劇。他察覺到說，老師在舞台上面很多的魅力，來自於老師能夠處理傳統戲曲，可是我的愛好跟我的專長跟老師不一樣。他很會唱歌仔戲，他就把歌仔戲的唱腔盡量要融到他的作品裡面來。他常常跟我探討說，老師這裡我想唱這個、想唱那個，我說精神一致啊非常好。也就是說，這樣優秀學生，他懂得不要複製老師一字一句，而是把老師的精神找到；於是在這位同學的展現上面，就能有大量的閩南語跟歌仔戲，能夠在他身上顯現出來。我是非常高興，他能夠掌握到這個重點。

李四端：但你看到了一個現象是，他的表現方式在今天的社會中可能比較容易受到認同。

馮翊綱：也不見得。我再講一個比較痛苦的就是說，你唱個歌仔戲，你覺得年輕人就聽得懂他是在幹什麼呀？恐怕也聽不懂。我們小的時候打開電視機，楊麗花歌仔戲。你現在打開電視機，請問哪一台在演好看的歌仔戲？

李四端：我覺得哪一台都沒有藝文了，不是演什麼語言的問題，而是徹底消失了，沒有人對藝文有興趣了。記得以前我在電視公司服務的時候，起碼還有一個體育新聞部門。今天我們看到了奧運金牌選手，人人幫他加油，體育新聞占滿了版面，體育新聞的收視率高得一塌糊塗；但你看熱潮過了之後，我們新聞中還能找到體育新聞嗎？

馮翊綱：對呀，體育台又要不見了。

李四端：這就是跟你剛剛講的異曲同工的問題嘛。所以藝文工作者在這段兩年疫情之下，到底對你來講是一個養分，還是痛苦？

馮翊綱：那就是最大的一個體會了。你知道兩次的停演，我一共寫出了三個套裝劇本。我已經準備好了，什麼叫做真正的超前部署，就是劇本。你把劇本準備好，什麼時候能夠讓我演，我什麼時候都有源源不斷的劇本，交到我的搭檔手上，大家來排戲。

李四端：比如說此刻，你有沒有想到一個什麼劇本？

馮翊綱：我們現在講話的時候是二級警戒，劇場沒有開放。我只能在家寫字，相聲瓦舍沒有公家的補助，全靠票房，你沒有辦法梅花座一半的觀眾還能撐下去，沒有辦法。我只能不演，留在家裡面。多了很多時間讀書，最近《紅樓夢》看第二遍了。然後查資料，十大本的《太平廣記》，那麼多文言文的資料在裡面，唐朝的小說，可以慢慢地讀，從裡面發現很有趣好玩的東西。今天早上就起草一個狐狸精的故事。一個狐狸精愛上了一個公子哥，這公子哥很色，老是管不住自己的下半身，狐狸精就來渡化他，來勸諫他：「公子，我對你很有好感，你就不要再出去玩弄那些世間女子了，你有我就可以了。我有個本領，我會變化，公子哥，如果你對於我這一個人的樣子，並不足以滿足的話呢，我每一天都可以變化成不同的女子伺候你。你只要說出來哪一位名妓、哪一位名媛，我就變化給你。」你看這多有趣，而且多麼適合相聲瓦舍。

我光是悠遊在這個想像中，悠遊在這個創作的樂趣中，讓自己在寫作的狀態中，我就沒有停下來。

李四端：接續你這個「聊齋」的故事，所以那個書生從此乖了嗎？

馮翊綱：他就是一直招呼在同一個狐狸精身上，時間長了以後，稍微有點厭煩，他說「你這個性都一樣，雖然長相不一樣，但是你反應都一樣，這沒什麼樂趣。」於是一個好的狐狸精，她還要有演藝天分，還要演不同的個性。結果她一直伺候這位公子到老。這位公子終於老了，玩不動也不想玩了，這個狐狸精渡化了他，告辭而去。

李四端：你在諷刺什麼？

馮翊綱：我要想一想，它有很好的意味、餘韻在裡面。這個故事其實很素坯就這麼一點，基於這個故事，我恐怕還要做很多的發展，因為宋少卿是一個很棒的喜劇演員，我要讓他在演這一個小段落的過程當中有諸多的表現，各種個性、各種妖嬈的狀態，都能讓宋少卿來演。

李四端：你曾經形容過宋少卿，他好像是一個寶石，你只是那寶石盒裡面的襯布。

馮翊綱：襯他的那塊黑布。

李四端：但沒有那個襯布，寶石的亮麗璀璨是出不來的。

馮翊綱：沒錯。我比較把力量跟想像，放到了我的劇本創作的態度上面來。我寧願在家裡面讀更多的書，寫更有趣的劇本。

李四端：到底埋首於寫作與創意，跟自己上舞台去表演，這兩件事對你來講的重要性？

馮翊綱：它是同一件事。莎士比亞他就是一個寫手，同時是一個場上的人，有很多的本子是他自己執行的首演。他就是當時那個時代倫敦劇場裡面重要的寫手跟演員，是同一個人。

李四端：我也舉一個很棒的榜樣，你的恩師賴聲川老師。

馮翊綱：他一輩子沒演戲。

李四端：對啊，但你顯然是兩者的角色都演得非常之棒，而且都是重要的。所以我想問是不是在舞台上也是一個創作很重要的來源？

馮翊綱：不只是這樣，我們是從當演員開始的，學著做一個舞台上的場上人；如何在場上把別人寫的劇本詮釋好，是我們受訓練的開端。慢慢掌握到重點，覺得我到可寫作、可創作文本的那一點能力，然後我來為自己創作，我自己要執行的文本，這個順帶一講，也就是我們這團相聲瓦舍能夠一直走到今天，很重要的一個力量，就是我們自己可以為自己創作本子出來，不需要等外國哪一個本子授權給我演，等哪位翻譯家把本子翻譯給我演，還是等哪一個寫手把劇本終於交稿了，我才能演。不用，我們自己生本子。

我們的路上還有兩個好榜樣：李國修大哥，寫本子，也是場上人，著名的喜劇演員。金士傑大哥，都是極好的榜樣吧，所以我覺得有這樣的古人，有這樣的今人，都能讓我們做一個學習上的判斷，跟行為上的判斷。

李四端：瓦舍的劇本百分之百都是來自於你吧？

馮翊綱：是。我現在累積的劇本量——我喜歡用黑色的方法來說，就馮翊綱今天在接受完這個訪問之後，突然就兩腿一蹬——

李四端：絕對不會發生。

「劇場提供你在家裡面打開電視看不到的東西，
上網看不到的東西，必須要到相聲瓦舍才有的那個浪漫。」

馮翊綱：「假定」發生這個事情——宋少卿還能捧著我的本，再撐十年沒有問題。十年之內還不會讓我的觀眾覺得馮翊綱不在了，以為是馮翊綱剛寫的劇本、還沒演過的東西。

李四端：你為相聲瓦舍奮鬥三十三年以上了。

馮翊綱：其實這是一個巧勁，講起來三十多年，創團根本就是無心插柳，我念大四，少卿念大一，我們在學校裡面，中午的休息時間為大家說說相聲，從那個起算三十三年。

李四端：這段疫情期間，劇場表演受到很多影響，但你的創作源源不絕，所以現在期待的就是趕快能夠開放，恢復演出。第一場演出，你會跟觀眾說些什麼？還是把你的苦悶一股腦地宣洩出來？

馮翊綱：還好，苦悶我倒是沒有，因為我得到抒發了，我有創作。我並沒有說因為無法演出的這種苦悶，甚至於我還有一點覺得說，應該要思考我的轉型，要讓我的搭檔、我的學生在台上，削減我在台上的時間，或甚至於我不在台上。讓我全職的能夠作為一個創作者跟導演，因為戲也是我在導，如果能夠讓我在創作的時間跟導演的時間，都已經完成了我的使命的話，台上的時間全部留給少卿他們去做演出。

李四端：那你就試試看復演的第一場就沒你？

馮翊綱：哎、誒～看觀眾會不會暴動？觀眾好不容易等到相聲瓦舍重新開演了，台上沒有馮翊綱，看會怎麼樣？（笑）

李四端：所以這就是一個「靈魂」的意思。

馮翊綱：自己把自己活到了這個份上，自己創造了一個工作，創造了一個從興趣到學習，到這整個工作的流程，自己把自己創造成這樣的一個狀態，就沒有什麼好後悔的了。

李四端：當初的偶然完全沒有想到，最後你變成一個精神支柱，我覺得說一個靈魂領袖，已經完全不能形容你真正的角色了。

馮翊綱：你這講得好像我變成一個邪教的教派（笑）。就真的認認真真地想著我該做的這件事情，自己最該有的表現，專注地在這個項目裡面，別的不要去考慮。現在很多的變化、很多的吸引，做直播呀，變直播主，去斗內，帶一點置入賣東西，都比在劇場要容易。

李四端：但這些誘惑好像對你一點用都沒有。

馮翊綱：我沒有興趣。然後大家就說疫情期間你跟少卿兩個拿個本讀稿酸政府的那些東西（三級餿哏）可以斗內啊，我說斗內它就失去了意思。那個意思就是，我們完全送給你的，這些話是我們送給台灣這個社會的，我們送給你。

李四端：你們本身的表演，已經全部都是公共財了。我覺得其實在劇場表演裡面，諷刺、反差、對比，甚至挖苦多少跑不掉的。

馮翊綱：但是因為我長久以來，在劇場的演出上比較避開這些東西。人們會說，你們那個政治的諷刺好厲害、時事哏好有趣。我說，你進我劇場來看，然後對著我的劇本幫我計算，計算那個百分比。我跟你保證連一成都不到。全部台詞一成都不到玩時事哏，只是因為我們這是一個泛政治化的社會，大家都很喜歡討論政治議題，喜歡酸一下這個、臭一下那個，很多的年輕人很喜歡這樣子玩。我最愛的東西還是《相聲百人一首》，還是傳統文化、古典詩詞，還是古文觀止。

李四端：所以這個疫情期間的短片嘗試，絕不代表相聲瓦舍在改變它的路線？

馮翊綱：絕對沒有。

李四端：你怎麼看「譁眾取寵」這四個字？

馮翊綱：政治正確啊。因為政治是眾人之事，眾人之事及管理眾人之事，所以沒有一個人脫離得了政治這個概念。

李四端：但這四個字在你身上是絕對不會發生的。

馮翊綱：對！所以我只要能夠察覺，我哪一個思考、哪一個舉動可能政治正確，我就會避開。

李四端：那疫情之間做了《三級餿哏》的嘗試，你的心得是什麼？

馮翊綱：沒有意思，不怎麼有意思，因為這就是去發揮了我在劇場裡面不發揮的那個部分。它太容易了，這每一個兩分鐘的小東西，我怎麼寫，你知道嗎？早晨我醒過來，看完了我早上該看的書，背完了早上該背的詩詞，然後呢，打開我的檔案，我可以在一個呼吸之間，就把它寫出來，當然是有點誇張，所謂一個呼吸就是說，我只要順著我腦子裡面所想的東西，這個段子我就寫出來了。然後我就傳一個簡訊：少卿、劇本、收下、看一下，我們大概禮拜三錄。如果日子要這樣過，那我就廢掉了。我怎麼可以培養了自己大半輩子之後，到了晚節不保，我覺得我到現在開始如果做這件事情，就是晚節不保。

李四端：所以你的心得就是，相聲瓦舍不會做，馮翊綱不能做。

馮翊綱：對，不可以。不可以走到這個地步上來，我不反對別人做。

李四端：那當初又是什麼動機讓你去做《三級餿哏》？

馮翊綱：不就是太氣人了嗎！你眼睜睜看著事情就這樣，你愈是向他提點意見，他愈是不可以。

李四端：將來這個舞台恢復表演之後，你這個不平之心克制得了嗎？

馮翊綱：當然、當然！你還是想等我在戲台上如何突然透露那麼一句，像刀子、冷箭一樣的詞，射到觀眾席去？

李四端：那你怎把這股怨氣，將來在哪裡發洩呢？

馮翊綱：沒有怨氣啦。好比說我們在YouTube上面的影片播完之後，1450來了，你說我這麼一個人作為表演藝術工作者，我們在疫情期間找一條活路，這一條活路還不是賺錢，只是做一點小服務，好讓觀眾不要忘記我們，我們在這給你編小段子，我們在這給你冷嘲熱諷，請你記得我們，等我們恢復演出的時候，你要記得來買我們的戲票喔；這麼一個態度，所寫的小本子都不行啊！你都要來給我「論件計酬」，我聽說他們是論件計酬：跑到別人這裡吐你兩句，截圖之後，他論件計酬。所以1450來了這件事情對我來講，就有這麼一點「這也不可以啊？」的感慨。

我們錄節目的今天，剛好發生有人批評戴資穎，說你就是因為在場上的時候少做了這個事情，所以你才銀牌。我的天啊，奧運銀牌，你還嫌人家沒拿到金牌！於是戴資穎回的那句，我覺得講得真好，她說我在場上打球，你要是覺得我打得不好，你可以不要看。我覺得這個完全講到表演者的心坎裡面了。我是一個做創作的人，我在場上所演的東西，是我要演給我自己的。戴資穎說我打球是為我自己打的。我今天在場上所演的戲，也是為我自己演的。

我講得直接了當一點，這個跟很多綜藝咖的講法是不一樣的。綜藝咖總是覺得我就是為觀眾犧牲，觀眾要看什麼，我演給觀眾看。我就不是綜藝咖，我是表演藝術家，所以綜藝咖太籠罩這個社會了，不免有很多網軍的發言，也都是因為綜藝咖模式所一直衍生下來的，他覺得你可能在乎我怎麼這樣講你，你就會起反應、起挫折，你就會起不高興。

我反而換一個角度說：各位年輕朋友，你就沒有更好的一份工作可以做了嗎？你到馬路邊去做收費員，也是論件計酬，都是光明正大的工作，可是你躲在你的帳號後面，躲在你的暱稱後面，別人也在謀生，我們做表演藝術的人是在謀生，我們也不是政論，我們演的是假的東西，我們捧著劇本講的是假的東西，你把我當真的來評論，這不是很荒謬的事情嗎？

李四端：很難得聽到藝術表演者他們真正的一個心聲就是：我只是一個藝術表演，表演是我的生命。

馮翊綱：表演是我要做的事情。

李四端：相聲瓦舍現在已經是得到肯定的品牌了，但未來你還是需要觀眾的累積，新觀眾的加入，你究竟是怎麼期待他們？新觀眾一定要符合你的若干標準嗎？

馮翊綱：這就是緣分吧。大家緣分好的，就會留下來。你看了不順眼的就會離開。所幸到現在為止，我們做出來的節目，把節目的內容跟品質真正顧到了，大家就會留下來。意識型態是另外一件事情，大家可能喜歡你的意識型態、不完全接受你的意識型態，或反對你的意識型態，但是他不會反對你們是精緻的表演藝術，他會繼續地來。

李四端：我想這一點應該大家是公認的，相聲瓦舍就是一個精緻的表演藝術。

馮翊綱：我盼望的是這樣。

李四端：我們今天談了很多，從你對中華文化的推廣，以及自己生命中的轉變，從四年前到現在，還有你新的嘗試給你帶來了一些意料之外，還有對於藝術工作的堅持跟期待，但相聲瓦舍之於觀眾，未來應該還是帶著一個娛樂的心情進去。

馮翊綱：娛樂、平常心、享受，到劇場裡面來做一點享受。劇場提供你在家裡面打開電視看不到的東西，上網看不到的東西，必須要到相聲瓦舍才有的那個浪漫。但是前提是希望疫情要趕快結束。

李四端：但是大家最害怕的是，你要談到引退了，這只是一個猜想吧？千萬不能引退，這麼多年下來，也許我問得很俗套，你對人生的看法是什麼？

馮翊綱：人生就是這樣，因為我是佛教徒，我不斷提醒自己：每一天都有可能是最後一天，你把每一天當最後一天，很珍重地過著。如果今天就要走，今天就要了無遺憾，這才是人生。

（二〇二一年八月）

線上觀賞

SCAN ME

蔡詩萍：以積極的寫作面對老之將至

·端哥開場

花甲美魔男作家蔡詩萍說：「我父親九十幾歲，母親八十幾歲，幸運的是，他們都還在。應該趁著親人還在，多陪陪他們多聊聊，用文字或影音做記錄，把記憶保留下來，讓生命更豐富一點。」

是的，對父親、母親的感念，是每個人埋在心底終身的記憶。就像很多人對老父親的印象永遠是沉默、寡言、難以了解……，為什麼大家對老爸的印象都那麼像？於是蔡詩萍提筆做出改變，他說：「在邁向老年的過程中，我體會到時間、生命和親人的可貴。我希望更積極的創作，留下我可以留下來的文字。也許，未來我的女兒，可以了解她老爸的人生在做什麼。」

在面對人生必老的過程，在老得不能寫作之前，蔡詩萍說他要更努力地寫作。當然，在接手台北市文化局長的忙碌公職後，這份期許將更加珍貴。

李四端：父親，他是一個非常複雜的角色，事實上我們經常對父親並不了解，直到我們自己做了父親那一天開始，今天有一位作者來到節目敘述他和他父親的時代故事。詩萍最近有一本書很好，《我父親》。我覺得這裡面敘述的是青春、老去、親情，你寫的是一篇歲月的故事。我們今天準備了草仔粿、仙草冰，就是從你書中所選取的題材，這兩個東西對你來講為什麼意義這麼大？

蔡詩萍：這跟我媽媽客家人有關，我爸爸二十歲來台灣認識了我母親，將近十年了然後生我，那時候他三十一歲，母親生我是十九歲。後來大概我四歲以後，我們從金門搬到了楊梅埔心一個眷村，現在已經拆掉了，叫金門新村，眷村裡面五湖四海，大家都互相交流買菜、做菜的經驗。我媽媽非常典型的把所有客家的東西帶到眷村，帶到我們家，她也從眷村那邊學到了很多外省菜的做法。人生就是這樣，我到現在為止還非常喜歡吃草仔粿、紅粄或是客家菜包，都跟我小時候的經驗有關，因為媽媽常帶我們去拜拜，就會買這些東西祭拜。

那個年代整體來講物質是非常匱乏的，我爸爸只是一個士官，薪水各方面都很拮据，我媽媽有個能耐會自己做零嘴，她就自己炒花生，買仙草切好冰著，我們回來的時候就舀出來吃。所以小時候對我來講生命最開心的幾件事情，到了過年過節拜拜時就吃這些糕點，平常夏天就是媽媽做的仙草冰。我女兒變成跟著我一樣，光是這個飲食的習慣，就一代一代的傳承。

李四端：這本書主要是談父親，他在你小時候管得很嚴對不對？

蔡詩萍：我們在眷村裡面，大概很多父親都對小孩管得非常嚴。

李四端：說你去偷東西，手插到牆上玻璃受了傷？

蔡詩萍：偷採芭樂。這個疤到現在，你看這裡多長（翻開掌心）。因為怕人家偷採，牆上面插了很多打碎的玻璃瓶，我們七八個小孩去，我是孩子王，先把磚頭用破布包起來敲，它就敲碎扁了，然後把破布放在上面就爬進去，可是跑出來的時候狗在追了，我們是負責殿後的，殿後有個工作就是把那個布要抓下來，免得主人他也跟著那個布就跳出來追你，所以抓下來的時候，我的手扣住時就被玻璃一劃過去，都是血。我回到家以後，我爸媽禮拜天會睡比較晚，爸爸起來嚇一跳說幹嘛，我就給他看，你知道軍人性格，我爸第一件事情就啪一巴掌，然後第二件事情就把枕頭套拿下來纏著我的手，就把我扛著往醫院跑。

這兩件事情我記得很清楚，打你是因為他很火，扛著你跑是因為他是你爸爸，他很愛你，這是兩個複雜的情緒，所以後來寫父親的時候，我就會想到這個畫面。

李四端：可是這本書的起源，你自己交代其實跟八二三炮戰有關，民國四十七年，你剛出生沒多久，讀者一定想知道你怎麼會在金門？

蔡詩萍：因為八二三炮戰之前，其實情勢已經在緊張了，父親野戰部隊就從台灣調過去，可是他剛剛跟媽媽生了我，我媽媽怎麼可能會讓他走。

李四端：伯母怎麼可能也跟著去金門？

蔡詩萍：這就是我爸爸厲害的地方，我爸只是個兵，但是他的長官就是炮戰陣亡的三個副司令官，其中有一個叫章傑，當時他勸我爸不要結婚，說因為蔣公要反攻，說你不結婚的話，我們就送你到陸軍官校專修班。我爸說不行，已經有小孩了非結不可，但部隊就調金門去了，我媽媽為什麼能去？那個長官就幫了我爸爸，不知道怎麼反正跟著部隊到金門，我們住在金門哪裡呢？現在還有那個地方叫歐厝。

李四端：你爸爸不僅帶著媽媽，還帶著襁褓中的你。

蔡詩萍：我三月出生，才五個月。我父親額頭有一塊疤，就是在八二三炮戰時抱著我要到防空洞躲炮彈，但是砰一聲爆炸，他就摔到散兵坑。

李四端：你是八二三炮戰最年幼的生存者，你有絲毫的記憶嗎？

蔡詩萍：一點都沒有，但是後來我父親八十幾歲的時候，我們帶他去了一趟金門，去八二三炮戰紀念公園，那天我很感動，黃昏的時候父親拄著傘，因為他不拿枴杖，就在一個一個墓碑前面這樣看，我問他說你在找什麼，他說我找找看有沒有以前的袍澤。那一瞬間，我突然覺得好有感，幾十年後他回來看看能不能找到當年死掉的那些袍澤的名字。印象深刻的是那天黃昏，因為怕他跌倒，我跟弟弟在後面跟著，然後他就慢慢走，我們就這樣跟，那個畫面其實還滿感人的。

李四端：我看這本書不斷的在想，對自己家的長輩又了解多少，有記得這些細節嗎？你是因為寫這本書才去尋找嗎？

蔡詩萍：我是他長子，有一部分是我們成長過程中，他會講，我媽會講，所以我有的會記下來，但也有一些是後來因為想寫書之後，我跟弟弟妹妹問一些事情，比如說像我父親講他年輕站衛兵那一段，以前一直搞不清楚在哪裡，後來才知道在新埔義民廟。因為他一直講他在一個廟的前面站崗，後來一去之下我爸說就這邊，那個廟基本上沒什麼變。我爸說那時候的師部長官就住在裡頭，兵就在外面紮營或者露宿，衛兵就站在門口，我爸有一次講說站在那個地方，天上都是星星，旁邊的兵有人在半夜哭，想家嘛，我就問爸那你咧？我爸說沒有啊，就站在那邊也是想家。我後來在文章裡面寫說，我父親一定沒有辦法想像，他站在那個地方二十多歲，不知道再過幾年他會碰到我媽媽，再過幾年他會生了我，我們回到金門，然後再回來有自己的家，後來我弟弟出生、妹妹出生，然後他在九十歲的時候，我們全家幫他過了一個生日，有媳婦、有女婿，家宴請了十幾桌，許家表哥表妹都來了……他二十歲在那邊站衛兵的時候，他一定不能想像，人生就這樣一步一步走到現在。

李四端：你在書裡面不僅講到父親、母親，一個從大陸來，一個是桃園客家女子，後來你認識林書煒，夫人是宜蘭閩南人，所以族群融合而且共生的這段歷程，也是你想敘述的故事？

蔡詩萍：我想傳遞這個東西，不是刻意的，你在描述的過程中就知道一直穿越這樣。

李四端：你在這裡面講了好多數字，讓我一直分析，為什麼那麼執迷於數字？

蔡詩萍：因為我在寫這個系列的時候，發現到人生莫名其妙你不用安排的，可是有這麼多巧合，比如我爸跟我媽差了十幾歲，他跟我媽的爸爸就是他的岳父、我的外公，也只差十幾歲，外公是民國四年，父親是民國十六年，只相差十二歲，變成說我爸爸跟我外公的關係就很好，輩分上是翁婿但年齡上像兄弟。沒想到多年後我跟我岳父，竟然也重複這個模式。

李四端：你覺得這個模式是巧合，還是命中有安排？

蔡詩萍：有些事情說不準的，但它就這樣出現了。我建議讀者朋友還是要注意這本書它很多文學的部分，比如說我寫父親約會那個時候，想想看他們在新庄子一個非常小的城鎮，就是現在的新豐，一走出去是木麻黃的沙灘，我爸爸跟我媽媽能去哪裡，部隊就在小城鎮裡，碰到都是軍隊的人，最多就到海邊走走吧，也沒錢。所以我就用比較文學的筆法，描繪我爸爸很可能問我媽媽說去哪呢？我媽媽很可能說都可以啦。他們沿著海邊的小路慢慢地走，走著走著就走出了一個戀愛，走成了婚姻，走成一個家。它是一個文學的筆法。沒想到，我跟我太太第一次約會的時候，那時候二〇〇〇年我出了書《你給我天堂，也給我地獄》，就寄了一本給我太太，我太太很開心回了我一封信，然後我們就出來喝個咖啡，聊了很久差不多到黃昏的時候，那就順便吃個飯吧，所以就表示說雙方都覺得這個路是可以走下去。

李四端：不管怎麼樣，我建議讀者在看這本書的時候，最好帶個計算機，否則像我一樣要記錄一下誰跟誰的年齡（蔡詩萍與家人年齡差）。在你的書中，我想你的寓意其實這超過巧合，它代表一種生命的承接。

蔡詩萍：生命中有很多是你不能夠預期。

李四端：我在書中看到另外一個，你是不是對年齡在「老」這件事情上面格外敏感？

蔡詩萍：我在寫這個系列的時候，因為先在臉書上發表，常常會看到一些人留言說：你真的好幸福喔，你爸媽都還在，而且你到這年紀了，你爸媽都還在。我剛開始看的時候，覺得還好啊，因為我們太習慣了，可是看了幾次不同的人這樣講，突然間覺得滿有道理的。包括出書以後，有一些讀者互動，我聽到最感傷的是，很多人說他看這書之後就非常想念自己的父親，因為他父親可能走很久了。我才突然發現到出書的時候，我爸爸還在，我還可以把書拿回去給他，雖然他已經很疲累了，不一定能看書，可是我爸還會這樣子翻翻書，我弟弟當場拍下一張照片。你看一個九十幾歲的老先生翻兒子寫他的書，你曉得這種感覺就很溫暖。

我已經是花甲美魔男了，我的父親九十幾、母親八十幾都還在，而且我女兒每到一段時間就打電話給奶奶。她奶奶就做餛飩、做包子，過兩天請我弟弟送過來。我就跟我女兒講這是很幸福的，你有奶奶、爺爺。

李四端：蔡詩萍講的是如今他感覺到何其幸福，可以有這樣一本作品跟父親一起合照。這個作品也是代表著一個幸福的為人子，來記述他的父親、家人。

「寫文學作品，我希望能夠保留文字所傳遞出來的美，
還有事情本身能夠感動大家的共同感情因素。」

蔡詩萍：我都說，做兒子的懺情錄。

李四端：事實上也探討我們剛剛講的，一個台灣族群融合的時代故事，到最後我們大家都在這邊安身立命，發現生命中有太多的命運安排似乎是如此的巧合，連我們自己都不敢相信。你在稍微年長一點時找到自己終生的伴侶，如今看到女兒成長，書中有幾句話講得真好，「誰沒有曾經年輕過，誰又不會老去呢」，所以我們應該把老這件事情做一些好好的敘述。

父親有這麼多的故事透過你的筆寫出來，你有沒有想過自己如果哪一天，下一代要寫我們的書，究竟我們的故事有沒有這麼多，還是我們找不到有人耐性去寫這些東西了？

蔡詩萍：其實我父親的故事講起來非常平凡，他沒有當到將軍什麼豐功偉業，也非獨特有什麼事業上的成就，像有些人的父親從軍職轉下來，變成商人做出很好的事業，我父親什麼都沒有，一個平平凡凡從軍職轉文職的公務人員，所以我在寫的時候，也曾想到底要怎麼寫他？我採取的方法就是很坦誠地，在他的平凡故事裡面去發掘大家都有的狀態，比如我會寫說我父親當時到了埔心，那個地方是閩南、客家還有外省三個族群很平均的，父親跟著我媽媽上街去買菜，他不會閩南話也不會客家話，我媽媽在旁邊都可以講，可是買久以後我爸爸自然而然就跟很多菜販也變得關係很好，他自己去買也都沒問題了。我從這種描寫裡面去交織說我們的日常生活，其實就是這麼平凡。

李四端：可是大部分人的親情故事，也都是在平凡中看出很多的不平凡之處。這本書裡面有兩段我印象非常深，就是談到父親的老去。父親經常動不動就打盹，九十五歲高齡了，你寫到第一次發覺父親老去的時候，有一次在生日宴會，父親在洗手間待得久了。你寫得非常傳神。

蔡詩萍：我陪他去上洗手間嘛，陪到門口，就讓他進去，結果怎麼半天沒有出來，我當然會害怕，就把門推開來一看，他在推廁所裡面的門，就是小便池小號完了，他去推上大號的廁所門，我說爸你在幹嘛，他看我一眼說我弄錯了，他以為那個是出去的門。我那瞬間感觸很強烈，他真的老了，老到尿完尿一轉身搞不清楚哪一個門。另外一個就是我們有時候跟他吃飯，吃完他就打盹了，我們就聊我們的，過一會他又醒過來，好像他沒有睡著，因為他會知道你剛才講什麼，有時候他還會突然回來講一二句，你會覺得天啊，那是從哪一個時空回來的。比如說有一次我們在吃飯，吃一吃他打盹了，我們在聊天，他突然醒過來看看我說「小萍」，他瞬間會有一點恍神不知道你是誰，「小萍嗎？」我說對，他就說「你怎麼也變這麼老」，很突兀啊。

李四端：這話真的有點笑中帶淚。

蔡詩萍：有可能他在某一個打盹的時候，回到他年輕的某些時空去了，假如他回到我小時候在八二三抱著我躲炮戰，或者是他回到我國中高中時候那個樣子，我現在當然也老了。

李四端：你剛剛說很快樂的看他帶著這本書合照，是不是也有些遺憾，他年齡這麼大了，你才寫？

蔡詩萍：這很難說，如果年紀再輕一點，搞不好在理解我跟他關係的時候，不能那麼平靜，為什麼呢？因為我女兒慢慢大了，我覺得我對父親的懺情錄，其實是從女兒出生，慢慢我跟他互動以後，我有很多的感觸。比如說我女兒剛出生時，十六年前父親那時候身體還可以，但體力已經比較差了，他有一次到家裡來抱我女兒，他竟突然間跟我講，「小萍不好意思，我如果身體好一點的話，我每個禮拜都來看她」，我那一瞬間也是很感動。父親會跟兒子講如果他身體好的話，每個禮拜都要來看孫女，可是他身體狀況不行，一定要我弟弟載他來，不能一個人搭車。

李四端：我父親四十歲的時候生我，算是家中最後一個。我在國外念書，我父親以前也在國外念書，然後他到國外來看我，我帶他去餐館，突然我發覺菜單對父親複雜了一點，雖然他也是在國外念書，但畢竟那麼多年了，他就很自然地說要不要兒子來點，但我覺得是因為他沒有辦法應付那個菜單，那就是我感覺他老的過程，某方面你覺得你戰勝了、超越了自己的父親，可是完全沒有優越的感覺。

蔡詩萍：突然間做兒子的對父親老去很感傷。

李四端：是不是每個人此時應該再去回視一下自己的父親，也去記錄一點東西？當然我們希望他健在。

蔡詩萍：我完全同意。這幾年有機會分享寫作的時候，我都會告訴大家現在自媒體這麼方便，你就試著用自媒體去表達自己對人生的感觸、對親人的關懷，這有一個好處，趁著你還可以理解很多事情，或者是對方、親人還在的時候，你還可以跟他問很多事情，把這些東西轉換成文字做一個記錄保留下來。這些保留下來最大的好處，就是讓我們的生命更豐富一點。

比如說有一天我女兒也出國了，我在思考女兒不在的時候我的某種心情，我可能就會非常清楚地知道我們小孩每一個從家裡到外地去念書，他當然很驕傲兒子都上台北了，可是他就一個人在家跟我媽媽，我現在慢慢想到我女兒將來的處境時，就比較能夠知道我爸爸多麼的孤獨，他為什麼那時候很喜歡沒事，冬天一到跟我媽媽兩個扛著被子像鄉下人一樣，到我宿舍來，我覺得很沒面子，可是我室友就很興奮，因為媽媽來就帶一些吃的東西。我當然也會覺得爸媽上來，就帶他們到台大走一下好了，我爸爸邊走臉上就露出很驕傲的神情說，台大椰林大道欸，然後走到門口坐公車，我爸就拿錢給我，我說我有家教不用，可是我爸還是想辦法，就突然間轉身的時候塞個東西在你口袋裡，然後他們就跳上車子，你再摸摸口袋，信封袋裝了幾百塊。現在回想這些畫面覺得天哪，他能夠表達對你的愛就是這種方式，送個被子來、拿一點錢放在你口袋。我現在透過寫書再回想，內心充滿了感謝。

李四端：你寫的時候會不會哭？

蔡詩萍：有些地方會，你看我現在講一講眼眶都泛紅了。

李四端：我相信現在你記錄了很多跟你女兒的互動，你能夠說服她來記錄一點你嗎？

蔡詩萍：很難！（笑）多年前張小燕問過我，你寫的這些書，你女兒會不會看？我跟她說不會。那你這樣不會覺得很失落嗎？我說換個角度想，說不定以後我女兒在國外念完書也回來台灣工作了，有一天她回到老家，看看書架上竟然有幾本書是爸爸寫的，而且上面每一本書都有留「給我最愛的女兒」，說不定她就會拿來翻一下，翻著翻著說不定就會看下去了。她那時候也許就會知道原來她爸爸在十幾年前是這樣子看世界，這樣子看爺爺，這樣來看他跟女兒的關係。說不定她那時內心就會透過文字，多年來再回頭想。

李四端：所以「我父親」或者「我母親」這件事情，這是一個終身的記憶，也不見得每個人都有像你這樣的文筆可以做好記錄，記在心裡也是一種記憶。我在書中還看到，你說這一生最感謝他給你的禮物，是對你寬容的教育方法。

蔡詩萍：我們在眷村長大，很多的朋友可能是因為父母親覺得經濟壓力很重，就會把他們送到不要花錢的軍校這種地方去；或者另一種是對你有很多的要求，傾全力只要能夠出人頭地，一定要去念工科什麼的，我有很多朋友有這樣的壓力。我爸爸對這沒有很懂，他也沒有很在意，他只要看到我在看書，他就很開心。我那時候想要念法律、政治，他只是跟我講說政治不要去碰。我書裡面有講幾段，我可以理解在他們那種漂泊的年代裡面，他們一定也看到了一些事情，所以對政治會有一點害怕。

李四端：你特別提到你的大舅，許信良先生。

蔡詩萍：因為我爸媽當時的婚姻，第一個祝福的是我大舅，當時他念高中。

李四端：但是你大舅後來在台灣民主發展史上的一些事情，也曾經給你家裡帶來若干的壓力吧？

蔡詩萍：他選縣長的時候，還有流亡海外的時候，當然多多少少都有。但那種起伏很奇怪，他選縣長是脫離國民黨，脫黨競選，眷村你曉得當年都是很保守的國民黨支持者，所以他們就對我們家那時候敬鬼神而遠之，可是選上變縣長了，又態度改變回來，然後等到美麗島事件流亡海外變黑名單的時候，又開始保持距離。所以你想看這個過程很有趣，我們也是在這個過程中感到人情冷暖的變化。

李四端：這有沒有影響到你不願意從政？

蔡詩萍：多多少少，我對政治很有興趣，但是我就一直沒辦法跨上去。還有一個當然也是因為性格吧，你看我到現在還可以寫作或聊很多心靈的事情，你做個政治人物就沒這一塊了。

李四端：所以政治人物寫不出好書？

蔡詩萍：他一定要扭曲自己啊。你不覺得嗎？你訪問一個政治人物，你覺得真的能夠切到他內心深處嗎，很難啊。

李四端：除非他已經一無所有，毫無顧慮了。

蔡詩萍：對，通常就是比較難。如果要保留這顆心靈或者某種靈魂的話，你就很難跨到政治。

李四端：但你現在還是很樂於評論政治。

蔡詩萍：評論是ＯＫ，我們就從我們的角度來做評論，而且既然不從政，你就比較自由。

李四端：寫政治性的文章跟寫《我父親》，對你最大的感覺差異是什麼？

蔡詩萍：寫政治的東西，我都希望能夠保持一個比較清醒的立場，清楚的分析角度。可是像《我父親》這樣的文學作品，我會希望能夠多保留文字所傳遞出來的美，還有事情本身能夠感動大家的共同感情因素。比如說這本書不只外省族群的朋友會感動，很多本省族群的朋友，也會說我們本省爸爸也是這樣子沉默寡言，在一個大時代裡面擔心政治，都在那個時代嘛，只是我們剛好站在眷村裡頭，他們在眷村外頭。雖然不同的族群，可是我們都看到了某種爸爸的特質，然而很重要的，相信包括你在內、包括我在內，我們又很努力要做一個跟我們爸爸不太一樣的爸爸，所以我們會哄小孩啊，貼著女兒怎樣啊。

李四端：而且我們相信做得到，其實根本做不到。

蔡詩萍：對，也是做不到，這叫宿命。一定有一種程度你就是做爸爸的宿命。

李四端：我相信媽媽也希望你出一本吧？

蔡詩萍：我媽媽倒沒講，但是要寫當然一定是OK，只是時間上不用那麼急吧。我可能會再觀察一段時間，寫法不要重複，這本講我父親但其實講了很多我媽媽的事，媽媽再帶到外婆的事、外公的事、大舅的事，然後再帶到我太太、岳父、岳母，一路再寫到我女兒。

李四端：你這個家族系列有得寫了。媽媽寫完，一定寫最親愛的太太。

蔡詩萍：太太還好已經寫過了，她四十歲生日的時候，我送她一本書《日常即永恆》（蔡詩萍的四十封浪漫情書）。

李四端：今天我一再問的問題其實是，我們怎麼處理「老」這件事情？老充滿了回憶，也充滿了不捨，甚至充滿了掙扎，你怎麼看「老」？

蔡詩萍：我一方面希望能夠延伸我的老態的部分，所以我其實還滿重視身體健康和運動。

李四端：有一個年輕的女兒是不是有很大的幫助？

蔡詩萍：有可能，年輕的太太和年輕的女兒都有可能。你會希望健健康康看到她結婚、看到我的外孫啊，這樣我就要活到七十幾、八十幾。

第二個我也希望在邁向老的過程裡面，這是比較重要的，可能也跟你共勉，因為體會到時間跟生命還有親人的可貴，我能夠更積極一點來從事創作，留下我覺得可以留下來的文字，在我老得不能寫之前，我會盡量地往這個方向走。這也是這幾年為什麼我寫作比較努力認真，突然間很多好朋友都跟我講說，你三十幾歲、四十幾歲不是很虛無嗎，每天在那邊逛來逛去的都不肯寫？我說我五十幾歲突然間有所發現。

李四端：如今是充滿動力篇的蔡詩萍。

蔡詩萍：我希望在邁向老的過程既然不可免，那我們就面對它，努力在這過程中做我們自己想做的事。

（二〇二一年十一月）

線上觀賞

SCAN ME

王世堅：政治就是為人處事

· 端哥開場

議場的道具大王——王世堅，問政風格犀利，吸睛的道具為他博得最大的聲量。說他是全台灣知名度最高的市議員，王世堅沒在跟你客氣。在節目裡，王世堅說，「當權者，權力要被制衡。即便是同黨，八分支持，也要有兩分的監督。」這種氣魄，我佩服他。王世堅還說，「柯文哲當紅的時候，我敢挑戰他、質疑他。雖然我受到滿大的網路霸凌，但這是我當市議員的職責，我要忠於自己、我的內心。」這分豪氣，我相信正如王世堅在節目裡所說，問政是他的最後一棒，「我王世堅議員，永遠在這邊等著你。」

在問政的舞台上，角色更迭只是正常，但永遠有些身影不易遺忘。看！王世堅又帶著他的道具和小提琴走過來了。

李四端：台北市議員王世堅的知名度，可以說在台灣政治人物裡非常之高，當然他的話題新聞也是多采多姿，而且他的綽號也真多，不過在這些紛擾的政治面之後，他的真正人生是什麼？他怎麼看自己身處的這個複雜的世界？歡迎我們的王世堅議員。平常看到的都是你在議會問政，或在街頭表達意見，還有在新聞節目中發表很多的批評，到了這裡你今天感覺怎麼樣？

王世堅：四端兄，不瞞你說，因為你是這麼資深新聞專業人員，所以上你的節目，我覺得好像上刑場一樣。

李四端：你到我們這邊來就是貴客，我就是一個服務人員，今天為你準備第一道菜糖醋黃魚，我覺得你滿喜歡海洋的，你是我認識第一位跳過兩次海的人。說句實話，我看到很多的新聞鏡頭，後來不僅政治人物、社會人物，大家都有很多的打賭，你是怎麼想到的，要用跳海當打賭？

王世堅：當時是因為立委選舉。（二〇〇八年）對手他們說要八仙過海，也就是台北市八席他們要全上，那我認為至少我這一席一定會上，所以我就說，如果他們八仙過海，那王世堅去跳海！我的意思是說：不可能！

李四端：你從那個「海」連想到的，但是你創下了很多人物打賭，願賭要服輸這個事情，你後來沒有想要去賴吧？

王世堅：沒有，因為我一開始沒想到真的會輸，而且那個完全是順口這樣講出來的。但是我覺得每句話背後都有神明，就是說要不我就不講，可是講了，如果真的人家當作這是個賭注的話，好，我就願賭服輸。

李四端：有沒有想到後來很多人稱讚你的一諾千金？

王世堅：謝謝。

李四端：跳下去，你有特別挑地點是不是？

王世堅：在淺水灣，那時候天氣很冷大概只有六、七度，因為消息傳開以後，就有一些警方、治安人員善意地提醒，說不要去做危險的事，實在找不到地方，我只好從那邊，淺水灣因為有水上摩托車嘛，我就請兩部水上摩托車載我出去，大概離岸邊一兩百公尺，我想這樣可以，夠深了。

李四端：你自己本身泳技怎麼樣？

王世堅：還好，游個一兩百公尺是沒有問題。

李四端：要我的話，我就到貢寮或者基隆，那邊很多養殖池，這麼一跳就下去了啦，你還如此折騰，對不對？

王世堅：我當時沒想到。我怕看到的人還是會批評說，既然是跳海，第一個要真的海。

李四端：跳到海裡面的滋味到底好不好？

王世堅：喔～很慘，說實在話那個下去，超冷的，真的是生不如死。

李四端：那你為什麼後來慶祝蔡英文總統當選連任，你又跳一次呢？

王世堅：因為在選情分析的時候，人家就說應該這是好事，所以是拿來慶祝用的。

李四端：你是祝賀嘛！所以你認賭服輸也是，祝賀也是用跳海，蘭嶼的海水是不是更冷啊？

王世堅：那時氣候還好（二〇二〇年），水面也算平靜，不過說也滿妙的，我一去，衣服一脫就趕快跳了，因為過幾小時聽說有風暴會來，他們機場會關，所以我一去脫了衣服就衝下去了。

李四端：比起上次呢？

王世堅：經驗是愉快多了。上一次是因為選輸，整個淒風苦雨的，所以心情不一樣。

李四端：王議員，現在如果說你是跳海專家可以嗎？

王世堅：其實我滿有經驗的，很有心得。

李四端：所以你還準備第三、第四次嗎？

王世堅：哎～不敢啦，我這個年紀。有人跟我邀請說去跳海，我說我是有這個勇氣啦，「啊我去跳啦，你來撿骨啦～」（笑）

李四端：跳海前要準備好什麼？

王世堅：海象變化萬千，海從表面一直到深度的溫度不一樣，水裡面的溫度遠比我們知道的低很多，所以那段時間一定要運動：跑步、伏地挺身，或者打球，當然要有基本的泳技，因為下去一剎那滿可怕的。

李四端：你有沒有想到稍微簡單一點的打賭方式？現在送雞排那些東西，在你看來都是小兒科對不對？

王世堅：送雞排就是小事了。以前我還賭過，也是分析總統選情（二〇一二年），他們大家的看法都跟我的看法不一樣，我當然是賭民進黨蔡英文會贏，那時候是跟馬英九，結果他們說夠膽的話要用什麼樣子來表示你的看法跟決心，所以是他們建議的，他們說你跳過海，要不然高空彈跳你敢不敢？那時候我也去了，又輸了。

李四端：所以你現在知道，有決心做一些事情也要有準備就對了。但是你自己在政治這條路上也是這麼有準備嗎？

王世堅：我對政治是無所求的，我之所以會參與政治，是因為我父親、我外祖父，他們過去是政治受難者，像外祖父他是嘉義朴子人，二二八當時組織了台灣自治聯軍，對抗他認為不公不義的獨裁威權，就不幸捐軀。我父親叫王明德，他是第一個白色恐怖，就是四六事件（一九四九年四月六日警總逮捕台大與師院學生），當時他念台大參加讀書會，結果他也無端捲入到裡面，他被關了三年。所以我會參與政治選舉，我是想從我外祖父張榮宗，到我父親王明德，他們對我們台灣這一塊土地，他們的熱愛、他們的參與，我只希望畫下一個完美的句點。

李四端：你的父親並沒有因為他自己在政治上蒙受這些不公不義，而叫自己的孩子不要去碰政治，有人會因此遠離政治，他並沒有，他反而覺得你可以去投入，他鼓勵你？

王世堅：其實我知道在他們心裡，父親、母親都是反對。可是我們從小耳濡目染，家裡從小就是黨外的朋友們，像黃信介、康寧祥老一輩的，江鵬堅、謝長廷都跟我們家裡是好朋友，常常來家裡吃飯，所以這個原因，當時的我見證到了這些老一輩他們政治人物的風範。

李四端：這些元老級的人物，有沒有什麼小故事？

王世堅：像康寧祥先生，議員、立委、國大代表，到監察委員、國安會祕書長，他擔任很多要職。他有老一輩政治人物的風範，我從來沒聽過他私下批評過其他的。

李四端：即使在飯桌的這種閒聊他都不會？

王世堅：沒有，尤其是對於同志，不管同志如何糟蹋他，他有這個風範，他覺得要談，檯面上大家來論個輸贏，私下他都沒有。還有像黃信介先生，像謝長廷先生也是有這一部分的雅量。第二點，他講話超風趣的，很隨和、非常好的人。

李四端：從這麼多政治人物在你小時候的家裡穿梭，他們對你現在的問政，你有若干學習到什麼？或者效法什麼事情，在你身上也有影響嗎？

王世堅：我認為其實政治就是「為人處事」，你政治要做得好，就像一個國家一樣，內政要好，外交才可能好。也就是政治就是做人的反映，有什麼樣的人格，所以我期許的政治就是大家都檯面上，把事情四四六六論清楚，檯面下不要妨礙大家彼此之間應該有的和諧。

李四端：現在這種政治人物還多嗎？大家可以做到這種修養嗎？

王世堅：如果是分贓式的私下交往就不好，可是我覺得人跟人之間沒有隔閡嘛，我支持民進黨，有人支持國民黨，我們應該彼此互相尊重。

李四端：你跟國民黨和民眾黨的朋友怎麼樣，多嗎？

王世堅：沒有耶。（笑）

李四端：那你也沒做到啊，還是他們做不到？

王世堅：因為一方面生活習性，還有大家各忙各的，我們能夠認識到的民眾黨、或者新黨、國民黨都是在檯面上，有時候在電視節目上，或在議會上碰到，私底下都沒有。

李四端：很多人都是在問政上看到你，你的話很犀利，甚至有很多道具，那是出自於你的真心嗎？你真的這麼痛恨對方，還是只是一個據理力爭？

王世堅：就是你講的據理力爭。我認為當權者，擁有權勢的人，權力一定要被制衡。

李四端：陳水扁市長在的時候，你還沒有當議員？

王世堅：還沒有，我是經過馬英九、郝龍斌、柯文哲，所以我是「打馬」、「屠龍」，現在是「抓活寶」。

李四端：都有對仗。我在想，如果你當時遇上了陳水扁市長，跟你是同黨籍的時候，你還會一樣保持這種問政的態度嗎？

王世堅：會，即便我們是同黨，我認為八分的支持，也要有兩分的監督。

李四端：但遇上了反對黨執政，那就是八分的反對，兩分支持，是不是？

王世堅：倒不是。要看他當時做得對不對。

李四端：這三個市長，郝龍斌、馬英九、柯文哲難道都沒有在你的計分表裡面，有兩分是值得鼓勵的嗎？

王世堅：有，比方說像郝龍斌，他針對容積，不當的容積累積的移轉，他做了容積銀行這個事情，當時我就跟很多議員的看法不一樣，我支持他。我認為把容積的移轉的利益由我們全體市民共享，成立一個容積銀行是對的，所以我支持他。馬英九時代，說實在話很多方向上是做錯的，可是至少有一項他是對的，比方說他當時積極地推動硬體的捷運，我們要把握時機，因為硬體建設的推動，除了工程成本以外，還有時間成本、社會成本，這一點他的方向上是對的，他的看法跟陳水扁一樣。所以陳水扁手上交出了我們前三條的捷運，後來四五六七，都是在馬英九時代，他有強力地去推動。

李四端：這兩任市長在你的功過簿上都算有一點功，那柯文哲市長這七年的功應該也有吧？

王世堅：他有，比方說至少他的任內，官箴確實是好多了；但是官箴的部分，我只質疑他一個人，他對五大弊案，撇開太極雙星不講，因為那是個詐騙的案嘛，另外四個案子，他處理的結論都模模糊糊的，反而他跟這四大弊案的財團們都成了好朋友，他是入幕之賓。我覺得你應該站在我們市民的角度立場，站在市民的利益上，這些應該是跟你對立的。

李四端：你有沒有跟他客客氣氣地談過什麼話？

王世堅：當時他要參選的時候啦，我本來支持他嘛，甚至他到我們大同區迪化街掃街的時候，舊曆年前我還幫他拿麥克風，喊了兩個多小時喊到聲音都啞掉，那時候我確實被他白色力量，他講的很多事情，我是很感動，尤其他由醫從政。我們多數的市民，甚至全體國民，其實對醫生都是很尊敬、都是感謝，剛好大家都把這個感情投射到他身上，結果沒想到他是這樣子的。

李四端：所以你覺得他變了？

王世堅：其實他沒變耶，我後來發現他就是這樣的人，死性不改。比方說我光講一樣就好，二〇一七年他放著市政做得千瘡百孔，想要轉移焦點就去東南亞國家訪問，最主要其實他要去訪問印度，你知道他的目的是什麼？原來他是要說，甘地是印度的白色力量，為了這句話他去甘地的墓前獻花，說甘地是印度的白色力量，只差沒有說甘地是印度的柯文哲，天啊……所以在議會，他一回來我就送他一本《甘地傳》，我要告訴他說，甘地最重要的一個精神，他講過的一句話，「人就是思想的產物」，你心裡想的是什麼，就會變成什麼樣的人。所以我說，我送你這句話，讓你好好救救自己的靈魂。

李四端：你送他一本《甘地傳》，請市長好好反省，這些道具的點子是你還是幕僚想的？

王世堅：我自己第一時間的靈感，而我的幕僚都很強，我想到什麼，他們都有辦法幫我去把那個道具完成，《甘地傳》很簡單，自己的書櫃裡或書局找都有。但比方說我曾經做過諷刺柯文哲——

李四端：龍袍！

王世堅：龍袍也是有得找。比方說木馬屠城，我認為他就是那匹木馬，這個木馬上面就是柯文哲的人像，它要移進去議會是滿困難的，我想說必須在他面前有很大的震撼，議事廳四層樓那麼高，這個創意是我想的，但是我的幕僚幫我去想怎麼達成，總不能現場再去用釘的，所以就是用充氣式的，我們先畫圖打了一個樣，然後再去做大的充氣橡膠。

李四端：你花這麼大的努力，花這麼多的時間精力，我相信後面的戲劇效果很強，你是為了突顯那個戲劇效果嗎？還是真的你想把這個訊息，確實傳遞給你的選民？

王世堅：第一點要傳遞給當事人，讓他感受到。因為木馬屠城這個牽涉到的是我們台灣整體的國家安全跟尊嚴，所以我必須用震撼的方式讓他看到。

李四端：你承不承認自己很多的知名度，跟你在問政上面所做的這些設計有關聯？也就是政治人物需要這些設計來強調他們的問政，同意嗎？

王世堅：同意，可是我跟你報告，其實我是無心插柳的。我只是想盡我議員該做的職責。

李四端：可是對很多議員來講，弄個圖表道具可以了，你花那麼大的工夫，而且不是一次，這多年來的問政，你似乎不斷推出新的「戲碼」；我用這兩個字有點冒犯，我覺得創意十足！我想問的就是，這真的是你剛剛講的為了震撼、為了要達成目的，還是你覺得它對你的聲望有累積的效果？

王世堅：聲望累積是雙面的，像當時他正紅的時候，他選上市長，我敢挑戰他、敢質疑他，當時我受到滿大網路上的霸凌，我如何曉得？因為那時候我女兒還在讀書，同學們會跟她提起說你爸爸怎麼這樣；我兒子剛好在當兵，他的同僚也會提起，所以我才知道那種霸凌。我本身沒有使用網路，沒有用智慧型手機，我想眼不見為淨就不看。

李四端：我看看你的手機，現在誰還用這種（按鍵式）手機！所以對社群媒體，你不是很理解當時的氣氛，但兒女跟你轉達之後，你有收斂或者想改變嗎？

王世堅：沒有，我跟他們說明，說我只是比別人看得更早一步而已，因為我很近距離的觀察

「忠於做自己，我是確實做到。」

到這個人不好的一面。

李四端：你的兒女或家人對你的問政一點影響力都沒有嗎？

王世堅：小孩跟我講這個，我心裡難過很久。可是我想政治上，這是我的職務，我不能說知道這個人的不好、他的不對，我不舉出來，這個不行。

李四端：你的小孩現在看到你在政壇有二十多年了，他們怎麼看你？

王世堅：他們知道我就是我行我素，小孩總是孝順的，尤其這幾年，他們想說爸爸都這個年紀了，就隨便他了。

李四端：沒有叫你有什麼事情要調整嗎？

王世堅：都沒有，喔～我小孩是有跟我說，你要怎麼罵、怎麼質詢都可以，可是音量是不是可以稍微……他的意思說太刺耳了。

李四端：他們有沒有最欣賞你什麼？有沒有告訴你，爸爸你哪件事做對了？

王世堅：在我想，大概他們心裡面認為說，我就是忠實我自己的內心和想法，這一點是忠於自己，我是確實做到。

李四端：王世堅議員是道具大王，我們也想獻醜一下（現場準備遊戲道具），你看看前面是九宮格，上面九張照片當中，有一張可能不是你所喜歡的（正中心5號照片是柯文哲），但其他都是你自己。我們的遊戲就是，你用球丟過去，砸破了哪一個洞，裡面就有一道題目。看了這九張照片的組合，你先告訴我，你的意見怎麼樣？

王世堅：我一定是打5號。

李四端：可是有九分之八的機率是會砸中自己耶。

王世堅：我就針對5號。（砸出去）啊～糟糕。

李四端：8號，你太急了（笑）8號題目：政治人物碰到緋聞最好的應對之策？

王世堅：就是誠實以對。

李四端：兩次緋聞到底對你有沒有傷害？

王世堅：很大的傷害，可是我還是勇敢地必須面對。我覺得我害了兩個人，我太太，還有兩次緋聞都是同一個女主角，這個是我害了她。害到我太太的就是，因為她對我的信任，本來她年輕的時候可以有更好的選擇，她選擇了我，也信任我，這一點是我非常對不起她。可是她有一點很強，她能夠看透貫穿我的一些想法，所以當我被她這樣子看透貫穿的時候，她覺得，你現在非常地忠實，這樣就ＯＫ。

李四端：所以現在夫妻感情應該是很好？

王世堅：很好，我隨身都帶著她照片。你看（出示全家福照片）我太太和小孩。

李四端：好棒的照片，王議員身上帶著自己家人的照片，可以有一點管束作用吧？

王世堅：對，四端兄你太強了，一語道破。

李四端：羨慕你有這麼一位能夠了解你的太太，我想王議員你講的意思就是，最後因為了解而信任，而這個信任正是夫妻間最重要的。來，請王議員第二次出擊。

王世堅：（投出）中了中了！恨意滿滿！

李四端：希望我們柯市長看了不要介意，人生如戲，我相信你也沒有任何惡意。5號題目跟柯市長真的有關，柯市長很快在十二月要卸任了：柯市長卸任後，你建議他最好的生活安排？

王世堅：我建議他到台東行醫，因為也是他自己講的，他說擔任台北市長沒什麼了不起啦，他如果沒當了以後要回台大去繼續擔任醫生。台大醫院有一次回應，說我們台大醫院不是誰想走就走，想回來就回來。柯市長糗了，只好說，那他要到台東的馬偕醫院去行醫。他當時有這麼講，那是在他要爭取連任的時候，所以我當時就做了一個看板，呼籲我的選民成全柯P的心願，你的一票，決定台東偏鄉醫療的未來！因為看板很小一個，我就用一張柯市長在看台東海面的照片，他的背影看著海，我就寫：成全柯P台東行醫。

李四端：這九宮格上面照片，有你問政，也有生活閒暇的時候，哪一張最是你？

王世堅：7號（媒體受訪）跟3號（拉小提琴）是非常貼切，我喜歡小提琴的聲音。

李四端：你喜歡快樂地活。

王世堅：喜歡，我認為也應該要快樂地活。

李四端：那問政到底快不快樂？

王世堅：說實在話，參與的初衷是很快樂，可是實際接觸以後是很痛苦。

李四端：費解！來、再投一題。

王世堅：這樣砸自己耶！

李四端：6號題目：年輕人現在普遍的抱怨都是房價高、薪水低，造成很多年輕人對自己的就業充滿了危機感。大家都在討論的題目，你有什麼對策？

王世堅：我認為要有大破大立作為，比方說我們政府被批評說房價高，那相對兩個做法，第一個我們就去製造便宜的產品出來，第二個要有一個大方向的改變，像對容積的釋放；你這一棟大樓要蓋五千建坪，蓋十二樓，那我們馬上就是徵召你，允許你再加蓋六層，容積擴大，這六層裡面的兩層樓你拿走當作建築的成本，另外四層樓就是政府，政府就提供給青年朋友，或做出租國宅，就用這個方式。如果在台北市區一年有二、三十萬坪的建物，多增加三成出來，二十萬坪我們就多了六萬坪出來。我認為用這個方式，第一個不會影響大家整體居住的舒適度，我們城市的容積，允許適度地放寬，這麼多年來也在做，可是這麼多年來容積的放寬，好處被建商拿去而已，所以當時我支持郝龍斌時代的容積銀行，就是說容積的移轉這個利益應該是交給市民才對。

李四端：聽起來是一個非常好的建議，你為什麼沒有走行政這條路呢？執政黨沒有徵召你？

王世堅：沒有，因為我對政治無所求嘛。我講話直來直往，我想不可能，沒有人會青睞我。

李四端：未來有沒有任何其他地方，你希望去做更多的服務工作？

王世堅：我本來有想過，可是我覺得如果能夠把我現在這個位置，為市民、為大家發聲，把我過去的經驗智慧運用出來，我覺得這比做其他的工作，可能都有效。

李四端：所以問政是你的最後一棒了？

王世堅：對，我認為這是最好的方式，我相信一定會等到很好的人出現。

李四端：不管誰來當台北市長，反正就等著來，我王世堅議員，永遠在這邊等著你，就這個意思吧？

王世堅：對，「呷慶飯等你」～

李四端：你會不會辦一場音樂會？

王世堅：我跟大家的程度想像得差太遠了。我很直覺地想到幾個音，把它拉完是ＯＫ的。

（現場拉一段小提琴）

李四端：你拉琴的瞬間整個臉色都變了，突然變得很專注。我相信你是很專心地要做一件事情的人。最後對所有在年底要選舉的人，包括你自己，你給他們什麼話提醒嗎？

王世堅：做自己！很多人說市長、議員大家一起選，「母雞帶小雞」，其實我不認為為了勝選，議員候選人必須去屈從這句話。選市長因為整個十二區，他的人面、資源，他的聲望當然是遠高於議員沒錯，但是議員也不必如此。如果說我們是靠這個候選人的光芒選上的，但是你市議員，你又必須監督他，你會面臨這樣子的情況，所以我認為還是必須走自己的路，以後你才能幫市民監督他。

李四端：走自己的路，但也付出自己的代價。

王世堅：對，所以你會孤獨啊，所以你會失敗，所以你就需要聽聽音樂。

（二〇二二年四月）

線上觀賞

SCAN ME

理科太太：婚姻裡需要做勇敢決定的人

· 端哥開場

網紅理科太太絕對是人生勝利組，她理工科的高學歷、年紀輕輕就事業成功，連網路竄紅的速度都讓一般YouTuber看不到車尾燈。但「離婚」也是這位人生勝利組的選擇，她說：「你要為自己所有的決定負責，你要想辦法不讓自己倒下，因為你要負責自己可以好好的。當你學會為自己負責，你就會得到自由。」

理科太太得到人生的自由，她真的很勇敢而且很正向，她坦誠訴說五年婚姻的心路歷程，「我和前夫的價值觀相差太多，分歧愈來愈大。」理科太太坦言，離婚的決定需要很大的勇氣。但她要對自己的人生負責，既然做出了決定，她就不怕別人指指點點。

離婚，絕對不是失敗。理科太太用行動證明，放手之後，她用更健康的心態面對人生，她正帶著孩子走在健康快樂的坦途上。

李四端：理科太太為台灣的網路內容開創了一個新時代，當然她自己的人生故事也成為大家熱烈討論的話題，不如聽聽她自己怎麼說，她的人生做了哪些改變，而今後她又將如何面對。

對任何一家餐廳，貴客願意第二次蒞臨是最大的喜訊，你已經是第二次來光顧。

理科太太：感覺現在空間比較寬敞一點。

李四端：因為這次你一個人來。我對客人記憶都很深，那時候我們一開始的話題主要是談你的工作，在當時的新媒體界、網紅界來講你算是一個開創性的，現在還在做一樣的內容嗎？

理科太太：YouTube頻道比較算是我的副業跟興趣。

李四端：怎麼會變成副業了呢？

理科太太：那時候對我來講是一個摸索的時期，現在又做回主業了，因為我本身是讀醫學工程的。

李四端：你那時候二〇一九年來上節目的時候，在網路業已經做了一年多吧。所以你現在又做回原來的本業，我們先談副業好了，怎麼變成副業法？

理科太太：因為在YouTube頻道上面有兩個主要的收入來源，一個是業配，一個是流量，YouTube會分潤嘛。可是這樣子有點像是把主導權交給外面，我會覺得不安心，因為我沒有辦法控制流量要高要低，也沒有辦法控制業配多寡，就是我沒有辦法增加我的營業額，可能我做到滿了會到一個固定的金額，可是我想要可以一直擴大一直擴大的東西，它的商業模式是我覺得比較沒有安全感的。

李四端：你不喜歡你的命運被別人掌握。

理科太太：喜歡掌握自己。我曾經停更了一段時間，再回來的時候我反而是往自我探索、諮商這方面的影片去拍，因為我開始去諮商之後，我才了解原來我有這麼不了解自己，所以我希望把它拍成影片分享給大家。

李四端：你有一個四歲的兒子，我們剛剛聊到說為什麼小孩子對速食、漢堡、薯條這些看似不太營養的東西，這麼無法阻擋它們的吸引力，你現在會怎麼回答？

理科太太：我現在會回答說，通常把小朋友帶去速食店的時候，一整天都是很開心的事情，所以他對於速食店有快樂的連結，甚至可以給他安慰的，就像英文說Comfort food。長大之後我們吃的速食可能會因為小時候的記憶連結，所以就覺得很喜歡吃、很想吃，是不知不覺的。對於我的兒子的話，我真的會偶爾帶他去，它同時也創造了我們快樂的回憶，只是不會太常啦。

李四端：你現在反而是比較以鼓勵正向的角度來看待這個事情了。

理科太太：是，但是等到他長大之後，我還是會回去以前的說法：就是這個食品科學是很厲害的，它找到糖油鹽這三種混合的甜蜜點，就會讓我們的大腦覺得很愉悅很想要再吃；但我會跟他說，人的意志力是有限的，你少吃你就少渴望，你多吃你就會愈想吃。但是這等到他大一點再講。

李四端：你最不喜歡吃什麼？

理科太太：其實我很挑食，身邊的人知道之後都會先驚訝一下，我不吃苦瓜、茄子、青椒。

李四端：那些都是滿有營養的東西呀。

理科太太：對，但是因為我從小就有辦法跟我媽分析，我可以用其他的青菜來換。

李四端：媽媽對你百依百順，還是想管管這個女兒？

理科太太：她很想要管我，可是愈來愈管不住了。母女之間的感情是很微妙的，她希望你好，你也希望她好，但是愈長愈大偶爾又感覺帶著一點競爭的關係。我獨自去美國讀書的時候，就會開始想家有媽媽在旁邊多好；畢業後回來台灣就覺得媽媽真的管很多。但是你又回美國後又會覺得媽媽好，自從為人母之後，我對我媽更好了。

李四端：你懂得了什麼？

理科太太：我懂得了原來媽媽愛我是這樣子的，因為當我知道我是怎麼樣愛小孩的時候，我才理解了我媽媽是怎麼愛我。

李四端：媽媽其實最擔心你什麼？

理科太太：她以前常常講一句話說：你不聽我的，你以後就會怎樣怎樣有挫折。其實她擔心的還是可能我受到傷害吧。她覺得如果我的脾氣一直很倔強的話，以後會不會默默吃了很多悶虧。她說她以前是有稜有角啊，然後她現在變成一個很光滑的圓球什麼的。我就覺得我應該之後也會像她一樣的。

李四端：所以媽媽很早就想把生活經驗分享給你。現在你開始感覺到自己好像也在走媽媽那條路了？你也開始變得圓了嗎？

理科太太：體型比較圓，有啦，慢慢地變得比較柔軟了，但沒有辦法像她那樣子。

李四端：所以人一定要經過一些波折。

理科太太：我覺得是，波折也不一定都是不好的。

李四端：你最近的波折、被大家所討論最多的應該就是你的婚姻吧？這也是一個做公眾人物的麻煩。

理科太太：是，但是我相信可能這世界的許多角落，有些人跟我一樣同時在經歷這些事。

李四端：我記得上次你跟你先生John坐在這邊，上我們節目之前，你跟他很少在螢幕上同框，你們在你的影片中有一同出現，其實你不是那麼願意把他介紹給大家是不是？

理科太太：我覺得對他來講可能會是一個麻煩。

李四端：所以我上次沒有問，我現在趕快補問一下，到底他跟你的合作好不好？他加入到你的YouTube裡面，到底是他自願的，還是你把他引進來的？

理科太太：其實他覺得好玩，我們大部分的影片都只有我一個人，他來炒一下氣氛，可能一百支裡面有三、五支，大家就會說突然多一個人很有印象和效果。

李四端：如果把他保留在螢光幕鏡頭的後面而不讓他在鏡頭前出現，會不會對你們後來的發展比較好處理，或甚至就不會發展那個事情了？

理科太太：我覺得事情會發生就會發生，可能跟鏡頭前後沒什麼關係。

李四端：你們兩個是透過網路認識的？媽媽全程都很了解吧？

理科太太：全程都不是很了解，因為那時候我在美國，媽媽在台灣。

李四端：如果她那時候也在美國，或者你們的事情是在台灣發展，她一定會表達意見吧？

理科太太：其實我媽一直以來對我的感情交往對象都只有一個意見，就是不喜歡，所以我之後慢慢學會了沒有要跟我媽媽講這些。

李四端：她為什麼會這樣？

理科太太：我想她一定都會看到一些我看不到的事情，可是當你在感情裡面，你就算看到可能也看不到，然後我就是跟我媽說我要結婚了。我媽就是喔這樣，她也不能怎樣。

李四端：所以你媽媽認識他是結婚之後才慢慢開始的，那她現在有跟你說出什麼她那時候看到了，如今可以跟你心平靜氣地講了嗎？

理科太太：她覺得現在要跟我談還不是時候，我覺得她可能要再過個一兩年，她就會開始跟我講了，但是她現在還沒有跟我講。

李四端：所以你會再婚吧？

理科太太：如果真的有下一段婚姻，要考慮的事情遠比第一段婚姻還要多非常多，我是個怕麻煩的人。我有孩子啊。第一個絕對會考量孩子。他怎麼想，我可以怎麼對他負責，可能我的優先順序會在孩子身上。

李四端：可是你剛剛也講說你自己變得柔軟了。柔軟是不是讓你在很多事情的相處上面也會變得更加協調了？

理科太太：我現在的想法是談感情不一定要結婚。我真的有想過這件事情，婚姻其實簽的是一個法律合約，跟愛情可能不一定有那麼大的相關，所以現階段的我當然完全沒有想要進入任何感情的意思，可能再過個一段時間，緣分來的時候，我會想要盡量就變成可不可以就是先只談感情就好。

李四端：沒有婚姻的形式之後，你有想過那是一種什麼情感嗎？沒有責任、沒有任何彼此義務性的約束，甚至沒有法律的保障，你都可以接受嗎？

理科太太：因為我自己是非常獨立的，可能不太需要人家對我負什麼責任，就是我會對我自己負責。我希望之後的感情比較像是陪伴，兩個人在一起互相陪伴，開開心心的這樣子，也沒有說一定要結婚之後再去生幾個小孩再做怎樣的事情。

李四端：但是我覺得作為父母親，看到孩子在婚姻上走過一次，最後並不是很圓滿，對父母親其實是一個很大的傷害，可能傷害比你還大，因為他們真不希望自己的孩子要走這麼一趟。雖然很多人講離婚不見得不是好事，我也同意，但是你有沒有看到她難過？

理科太太：如果她真的難過，她也不會表現給我看。

李四端：這一點你有遺傳到嗎？

理科太太：我以前很壓抑，但是我自從認識自己、知道我自己在壓抑之後，我就會想辦法。

李四端：你所謂認識自己，我看到一些報導講都是因為你去個人諮商，那個過程多久？

理科太太：快兩年，應該兩年多一點點。其實是先去了婚姻諮商，幾個月之後，我有太多的疑問了，不管是對別人還是對我自己，所以我就去了個人諮商。

李四端：這個婚姻諮商是你的建議還是你先生的主意？

理科太太：我，因為我那時候就想要跟他離婚。我先提出來的，然後我就說或許我們應該談一談或者是找第三方。

李四端：你提出離婚距離上我們節目的時間（二〇一九年六月）不是太遠。你該不會跟我們講在節目當中，你的潛意識裡面已經有這個念頭了？

理科太太：應該還沒吧，還要再過一陣子。

李四端：我看到的是非常幸福的一對。

理科太太：那可能是生活。一天有二十四小時，我們把它呈現在媒體上面的，可能一個小時或者是三分鐘。

李四端：我們看不到那裡面究竟發生了什麼問題，讓你做出一個要離婚的決定。

理科太太：我覺得是價值觀，對於事情的價值觀真的差太多了。價值觀不只是金錢觀而已，還有我是一個需要一直往前進的人，我當然也會希望另外一半或多或少他自己也有在前進，而不是原地在那邊。

李四端：這個價值觀跟你們不同的生長環境有沒有關聯？

理科太太：我覺得沒有，是人的個性。因為我也認識他弟弟啊，他弟弟跟我滿像的。

李四端：你的意思是說你的價值觀在從你認識他，到你後來婚姻要提出結束這段時間，你始終不是真正了解？

理科太太：我覺得了解人真的需要時間，可能八個月真的太短了。我認識他八個月結婚。

李四端：但那個結婚的時間點也是你選定的吧？

理科太太：因為懷孕了。

李四端：你們兩個去做諮商，你還是想挽救吧？

理科太太：我想啊，因為畢竟有小孩，它不是像分手那麼簡單。

李四端：你的先生John他應該也想挽救吧，他也去做了。

理科太太：他也想，所以我們兩個人一起去做了婚姻諮商。那時候美國疫情大爆發，我們是線上諮商，在舊金山的醫生，然後諮商幾個月之後，你會慢慢了解真的沒有辦法再繼續走下去了，在整個諮商的過程，分歧反而愈來愈大。我那時候就也開始我的個人諮商，想要知道為什麼會這個樣子。其實在婚姻裡面，離婚一定是兩個人一起走向的，就像結婚是兩個人一起往那個方向走，離婚也是兩個人一起往那個方向走，一旦做了這個決定之後，我覺得我要來想的是：我要怎麼為自己負責，我要怎麼為我的孩子負責。

李四端：所以諮商最後的發展對你跟他都是一樣的，還是他覺得說可以走下去啊？

理科太太：他那時候覺得還是可以走。

李四端：為什麼在你們兩個人身上的諮商結果會如此不同？

理科太太：因為我是真的想要改變，我是想要因為諮商所以我們可以有所不同。可是他可能覺得去諮商之後，我會改變我的主意，這個是一進去的目的就不一樣了。

李四端：我記得上次你在我們節目中，最後講了一段話，「人一生最重要的就是要為自己負責，當你一旦做了決定，哪怕最後是哭傷或痛苦，你都要為自己做下的決定而負責，你才能再站立起來。」所以你是在做一個負責任的決定，是嗎？

理科太太：以傳統的角度來看，大家一定覺得離婚是一件不好的事情。尤其是當很多人都知道我有婚姻這件事的時候，如果婚姻能繼續下去，我又何嘗不想呢？但終究要為我自己的人生負責的人是我，為我孩子負責任的人，可能他十八歲之前也還是我，我做了一個很艱難的決定，周遭的人看到的只是一部分的我，沒有看到全部的過程，所以不管什麼原因別人討論我的婚姻，我希望在婚姻裡需要有一些勇氣、做勇敢決定的人，不管是往哪個方向走，往好好地經營下去，或者是想辦法好聚好散畫下一個句點，我都希望他們覺得他們不是孤單的。因為感情的事非常複雜，外人可能看到一部分，他會對你的事情做出一些投射，但是不要因為害怕別人對你的指指點點，而不去做那個正確的決定。

李四端：當你把你的決定告訴John的時候，你不害怕嗎？因為他還在期待著這個婚姻還可以挽救下去，你告訴他的顯然是一個他不想接受的訊息，他應該受到很大的傷害，他很難過吧。

理科太太：其實並不是在婚姻裡面當成發言人的那個人，就是比較不受傷害，它只是表示我被賦予了責任要出來講話。我的意思是，不可能只有一個人受到傷害。

李四端：但是你很勇敢地說出來，而且你做下那個決定。如果你沒有這個勇氣的話，你們兩個恐怕還要再繼續折磨下去？

理科太太：這樣就會傷害到我小孩了。

李四端：你們五年夫妻，你告訴我們夫妻經營感情最重要的是什麼，而你們可能沒有做到的？

理科太太：我覺得是溝通完之後的共同承諾，要想辦法守住它。就可能說我們要用什麼樣的方式來經營這個家庭、我們要以什麼樣的方式撫養孩子，如果講好了但是卻又沒有往那個方向走、沒有實現的話。

李四端：那是有人不遵守，還是有人督促得不夠？

理科太太：不要督促，我覺得就是答應了，那你就做這個，我就做這個。對我來講是說好就這樣子了，可是當對方卻沒有這樣做，老實說因為彼此是對等的關係，你很難再說為什麼我們都已經說好……他又不是我的同事，我很難跟他這樣子溝通。

李四端：這兩年應該是一段很不快樂的過程，你的日子怎麼過？

理科太太：我現在很快樂，覺得很輕鬆。剛開始要做這個決定的時候，我徬徨了半年，也剛好那段時間我都在美國，沒什麼需要出現在頻道或者是社群媒體上面，可以好好地沉澱。那時候的確對我來講是比較黑暗，因為我很害怕遇到我沒遇過的事情，我很怕做錯決定，但跨過去之後就覺得好了，做了就做了。

李四端：所以現在對你來講離婚不是一件可怕的事情，你要跟大家這樣說嗎？

理科太太：我想說我的第一段婚姻是失敗的，可是它不影響到我的個人價值還有其他的事。

李四端：有沒有任何因素介入當時可以挽回來？

理科太太：沒有。可是我有做過一個練習，再讓我選一次我還是會跟他結婚，因為當時我就只知道這麼多的資訊。再讓我選一次我還是會跟他離婚。這五年對我來講是我人生可能避不開的事情。

李四端：今天你能夠把這件事情剖析得這麼清楚，當然也必定你要有一個結論。

理科太太：我要結論：聽媽媽的話。

李四端：未來你的感情之路的任何發展都會跟媽媽非常坦白的。

理科太太：我會，第一次約會就跟我媽媽講。

李四端：你跟John現在還有聯絡嗎？

理科太太：有啊，小孩的事情。但不容易，因為在談分開的時候其實很錯綜複雜，你會有很多情緒在裡面，所以你必須要去提醒自己說，為了兒子、為了兒子。離婚一定是有原因的，我要盡量避免情緒，我可以跟兒子心平靜氣的談他爸爸，跟他說爸爸很愛他、我也很愛他，他也可以在我面前說他跟他爸爸玩了什麼，我不想要讓他覺得需要選邊站，婚姻是大人的事，他爸爸跟他、我跟他，我們永遠都是一個家庭，但是真的很難。

可是我們兩個都是理性的人，可能三年五年甚至十年之後，有辦法偶爾聊一下。但我是分手分得很乾淨的人，因為我覺得只有這樣子，雙方才能更快的往前進。現在我覺得還不是時候，才幾個月而已，有點太早了。他是孩子的爸爸，我還是祝福他未來順利，他如果能找到另外一半也很好。

李四端：也許是因為你叫「理科太太」這個名字，我感覺你現在在整個離婚事情發生之後，很多的報導或你在談論的過程當中，你都試圖用非常理性的方式，來說明這件事情對你或者對外界有沒有什麼樣的意義和影響，這是你一貫的表達方式？

理科太太：理性跟邏輯，是我依附的生活很大的一個保護傘吧。

李四端：你未來會喜歡什麼樣的男孩子？激情一點，非科學一點，然後講話更直接一點？

理科太太：我希望是在一起感覺很輕鬆，有點幽默感吧。我希望他會比較陽光一點，然後讓身邊的人都覺得很開朗。

李四端：以後你的頻道，會談更多關於人性或者是人際之間的一些事情？

理科太太：是，就是從諮商室裡面有一些事情想跟大家分享，因為這些東西學校都沒有教，我三十歲後才接觸到，我覺得很新鮮。我也希望把它做成輕鬆一點的影片給大家看，他只要看完覺得這跟我一樣，或是覺得誰誰誰也跟我一樣，可以把這個方法應用。

李四端：你最近有哪一個話題，給我們分享一下？

理科太太：自評系統。常常很多人問我說，就算你是高中生還沒有在工作，可能你也有一些社群的帳號，有別人甚至是不認識的人來評論，那你要怎麼不被那些評論影響，你心中就要有一把尺，要想辦法建立自己的自評系統。你要先跟自己講，你做到什麼樣子對得起自己這樣就夠了，當別人一個無來由的評論，你可以跟自己核對有這樣子嗎？沒有，那就不用聽了。

李四端：聽起來好像你想談的是情緒控管、感情諮商這一類的內容？

理科太太：我覺得生理影響心理，心理影響生理，想要健康，你心裡面也要先鬆開，鬆開不是說你看得開一點就好了，並不是這樣；而是你要改變你的視角，你要懂、要知道為什麼這樣子，你才有辦法改變你的視角。

李四端：既然有這種改變，最近你收到觀眾最多的問題是什麼？

理科太太：滿多人問我要不要離婚的，可是我沒有辦法回答他們。他們可能寫滿長串的訊息跟我講，但是這個長可能只是你幾年婚姻裡面的幾天而已，沒有辦法代表全部，我也不知道你想要什麼和對方想要什麼；這個就算面對面講，都可能要一段時間才有辦法，我實在沒有辦法在網路上回答，而且這樣我也不負責任。

李四端：那你覺得你的離婚故事，透過今天的訪談，你有沒有什麼想法給他們？

理科太太：我覺得如果有資源的話去婚姻諮商看看，別人可以快速地看得出來或許你們的問題出在哪裡，如果雙方有心就可以更快速地去修復，或是更快速知道怎麼樣去收尾。

李四端：理科太太接下來的下一步是做什麼？

理科太太：我去年在美國創立了一個生技公司，他們研發出來一個可以幫助毛囊生長的分子。他們都是非常厲害的博士，我是裡面學歷最低的。九個月的時間，這個分子成功被合成出來了，我們有一部分會申請做製藥，一部分會申請做成生髮水。

李四端：所以你將來經營事業占了絕大部分的工作，網路就你所講的已經完全就是副業了。

理科太太：這個事業認識了很多有趣，給我帶來很多啟發的人。錄影片其實我也覺得滿好玩的，可以更認識自己，而且可以把自己最近所學到的東西分享給大家。

李四端：可不可能將來你的頻道就會變成一個純粹談情感，純粹談成長故事，或者把你的頻道再擴大；成長顯然是一個我們今天談的最重要的主題了，而且你似乎也有很多的話，將來是不是成長會成為你自己想再跟別人共同分享的一個主題？

「婚姻成敗與否，
並不影響到我的個人價值還有其他的事。」

理科太太：我覺得是很有機會，曾經過去談的很多科學，我也想要再多講一點。

李四端：我的感想是，上次來兩個人，當然兩個人的話題就是要分享給兩個人。如今你再回來是一個人，略略有一點失去了什麼的感覺。但今天經過你的一番話，畢竟你很坦誠，願意告訴大家。應該很多人會回去看你們上次來節目的過程，有什麼話要跟他們講嗎？

理科太太：可以讓大家知道，兩年多，人真的改變是可以看得出來的。

李四端：應該是個好的改變吧。

理科太太：我覺得不錯。

李四端：祝福你。也讓我們能夠了解，人生的很多都是故事。這個故事都有它留下的一些意義，但很多的意義只有當事人最能了解。

（二〇二二年四月）

線上觀賞

SCAN ME

侯友宜：用做事代替所有我的一切

·端哥開場

基層警察出身，同時也是豬肉攤之子的新北市長侯友宜。這位在菜市場長大的台灣囝仔，待人處事有自己的人生哲學，侯友宜說：「菜市場賣肉賣菜的人，寧可讓人家多占一點便宜。我們吃一點虧無所謂，做人不要斤斤計較，他開心，我開心。你如果跟他斤斤計較，甚至偷斤減兩，後果絕對不堪設想，永遠要給別人多一點機會。」

講到對台灣的期許，侯友宜說：「台灣不需要太多政治的對立和衝突，國家需要的，是為這塊土地好好做事的人。」好好做事情，「侯侯做代誌」已經成為侯友宜的形象標籤。至於更遠大的台灣未來，侯友宜則展現積極主動的決心，他說：「台灣需要的是團結的台灣，需要的是一個你好我也好，大家共好的台灣。」

其實，我還是第一線記者的時候就認識侯友宜了。幾十年過去，看到他歷練職涯上的各種角色變換。現在，侯友宜的政治生涯正攀往另一個山峰，也許過程中，侯友宜會在警察的硬漢形象之外，讓更多民眾體會他心中柔軟與熱情的一面。

李四端：歡迎侯市長到我們的時堂來，今天準備的食物，應該跟你的記憶與生活很接近，這些都是你喜歡吃的，是不是？

侯友宜：這些有的是我小時候的回憶。像是碗粿，我小時候會自己做，用石磨搖啊搖，把米搖成汁，拿去蒸，然後再放一點小碎肉、蝦米。滷味我也超喜歡吃，尤其看到滷蛋，不吃難過，一吃絕對不止一顆，要兩顆以上。

李四端：為什麼？

侯友宜：小時候吃不到啊，要到大概是高中時代，看到滷蛋，它味道很濃郁，就很喜歡吃。我是在菜市場長大的，當年鄉下的環境都不太好。其實大家都一樣，不是我不好，是大家都不好。爸爸在市場賣豬肉，剩下賣不出去的，譬如大骨頭沒肉，或零零碎碎的碎肉，拿回家燉湯或是熬成滷汁，大概就是這種生活狀況。我們總覺得父母親很辛苦，大家都省點用，尤其哥哥、妹妹也要念書，那時候念書真的很辛苦。在那種鄉下環境底下，我們大家不但要體諒父母親，更重要的是珍惜所有的環境物資，所以很多東西都自己親手做。像潤餅我小時候都自己捲，也不是每天做，是過年過節才做。

李四端：所以你的飲食習慣到現在這麼多年沒有變？

侯友宜：沒有變，我喜歡吃滷肉飯，喜歡吃滷蛋、豆乾、貢丸，更喜歡吃碗粿。路邊有什麼我就吃什麼。我覺得路邊的小菜小吃，比任何的大餐廳都好吃。有時候新北市府開會，我就跟同仁說吃潤餅，不會沾得油膩膩的，營養又健康。

李四端：其實這些都是代表最台灣的東西，也代表每個人生活中的記憶，從小到現在，市長你自己的記憶裡面，你最懷念的是什麼？

侯友宜：我最懷念的還是小時候在菜市場裡，瀰漫濃濃的人情味，大家彼此互相關心，那裡提供我滿滿的學習環境，賣肉、賣菜的，都有他們的人生哲學：寧可讓人家多占一點便宜，我們吃虧一點無所謂，不要斤斤計較。肉切給人家多一點，或多送一點東西給人家，他開心，我開心；你如果跟他斤斤計較，甚至偷斤減兩，換回來的效果絕對不堪設想。這才是我一直覺得自小在菜市場長大，學會跟阿姨伯伯叔叔大家很親切地互動以外，那種人跟人的感覺最重要的！我真的學會了給別人多一點機會。

李四端：所以你說過，你永遠不認為自己是一個政治人物。

侯友宜：我總覺得自己就是一個普通在底層成長的孩子，走了幾十年，從刑警一直走上來無論到哪個職位，就像我爸爸一樣，堅守一個攤位好好做事情，他最大的理想就是希望把今天的肉能夠賣完，就算賣不完，會把它做好妥善的處理。從每天早上三、四點去屠宰場殺豬，到了下午結束以後，又去買豬回來再放在豬籠裡面，隔天一早又開始，每天如此周而復始幾乎沒有休息。我也是這樣子，四十幾年來就是把自己的那份工作執著地把它做好，很單純地把事情做好，不要去想其他的事。因為我覺得能夠擁有這份工作，就要好好珍惜。珍惜這份工作，把握現在，努力做我該做的事。

李四端：這四年來（二〇一八至二〇二二年），你已經做到第一任的尾聲了，你最珍惜的是什麼？

侯友宜：我非常珍惜在做的過程當中，我的市民大部分都非常支持我的想法跟做法。在改變的過程當中，有些不是我改變就好，市民也要配合改變。所以我非常惜福、非常感恩：新北市民在四年前，給我這樣一個機會，努力把這一塊土地，朝我自己心目中的新北市，變成一個崛起的大都市。

李四端：你做了很多轉變，也做了很多你認為是興利除弊的事情，而且你的民調一直很高。這個民調引起很多人討論，特別是政治人物的討論更多，但是你一定有自己的一個信念，讓你的民調一直維持在最高。

侯友宜：其實我對民調的高低，沒有那麼在乎。每一個民調，我看的是哪個地方做不好，我們把它改變做好一點，所以我經常到鄉下去，或是到都市的第一線，跟我的市民聊天，跟里長把問題設法解決；路平、燈亮、水溝通，環境衛生、社區安寧，這些日常小事是他每天必須碰到的，我常常講一句話，市民用得到的，他感受一定最深；比如旁邊的巷弄通了，環境優化了，公園不一樣了，阿公帶孫子來玩，你把這些做好比起講一大堆的事情離他很遠，他沒辦法感受到。所以為什麼我每一年都會跟里長，一個區一個區辦座談會，這裡有二十九個區，幾乎我每天都在外面跑，每天把他們反映的問題，督促底下有沒有做好。

李四端：看你的臉書，我真的覺得你的生活就是非常鉅細靡遺地在這些地方的事情中，不斷地重複，不斷地打轉，如你剛剛所講，這也許就是你的民意支持能一直保持領先。你跟新北市的感情既然這麼深，再為它繼續服務是理所當然，對吧？

侯友宜：因為我現在是市長，市長還有很多事情，雖有任期的限制，但是能夠把握每一天的機會，能夠為新北市再改造，我覺得這是很棒的一件事，也是我的福報，尤其我在願景的規劃裡面，絕對不會是四年的規劃，我是規劃到二〇三〇年。

李四端：你的願景非常、非常長。

侯友宜：我的規劃是在一千萬人口的過程當中，以國際大都市的競爭能力來競爭，北部一千萬人口，剛好包括北北基桃，甚至包括宜蘭，這個中心點剛好在新北，橫跨這幾個縣市，你才可以跟東京、首爾甚至是矽谷來拚嘛。一千萬人口中心既然在新北，以前人家看不到，認為它是衛星城市，我們要找回新北的光榮感跟歸屬感，要把新北市整個力量帶上來。新北市要好，我相信帶動台北一定更好，桃園也一定更好。台北好桃園好新北一定會好，本來我就要朝這個方向，大家一起努力共好。

李四端：這個二〇三〇的新北市願景，如你所說：我新北，我驕傲。你覺得現在這四年，已經做出很好的打底是吧。

侯友宜：我在這四年裡面，其實最多的是除弊，再加上興利，像我們看到新北市的最重要的中心點有一個五股垃圾山，三十年沒有變啊，每天只要經過五股交流道，一看十一層高的。

李四端：只要走到機場國門，就看到它。

侯友宜：十一層高的垃圾，就在我們的新北國門之都，一百七十公頃，過去沒有人願意去面對問題，因為裡面有六百七十七家的廠商，很多錯綜複雜的土地問題，我們大概花了兩年多的時間，這不是一個單位可以解決，你得面對裡面的環安、治安、公安、衛安，甚至垃圾如何處理，挑戰很艱巨。這兩年來我們花了很多精神去溝通、協調、折衝，再加上我要讓他們知道：我一定要改變，絕對不妥協。這是一個很清楚的方向。兩年來，你看它變成一個「夏綠地」，五股人現在很喜歡到這個地方，可以郊遊，還可以看電影，所有的廠商變成有模有樣；廠商他們看到我，都非常謝謝，因為營業額增加了，甚至地主蓋的廠房，環境優化了，租金提高。很多經過的人說，這個地方晚上燈光通明，非常亮眼，跟以往黑黑暗暗很不一樣。所以五股垃圾山變夏綠地，成為我們大台北中心的一個地方，你不改變，人家怎麼會知道你的決心在哪裡；不但如此，連隔壁的三百九十七公頃的塭仔圳，它也是在新北國門之都隨著五股垃圾山而過來。

李四端：那邊有六千家的廠商。

侯友宜：有的是掛了名，真正是四千二百一十七家的廠商，包括住家。

李四端：這邊還包括產業的轉型，土地的重劃。

侯友宜：對，產業轉型以外，還要都市重新規劃，那個地方大概有二點六個信義計畫區大，一點四個社子島。談了五十年了，為什麼人家不敢碰，就因為廠商太多了，而且在都市中心那挑戰很高。

其實我當一個市長，我是比較沒有什麼政治想法與選票考慮，我來就是要來做事的。我們也花了兩年多時間，非常謝謝市民朋友的配合，知道我的決心，所以他有被改變的勇氣，這個了不起喔，這份被改變的勇氣是要多方配合的：我的廠商要搬到哪裡，我的住家要搬到哪裡，地主錯綜複雜的問題，大家互相妥協，甚至最後一家他養了一百五十條流浪犬要安置到哪裡，他遲遲不肯搬，你不僅需要細心、愛心跟耐心，你還要跟很多人、愛犬動物之家討論安置處理，人家家屬還不見得滿意，最後終於都解決了，而且是在沒有抗爭對立底下。不光這些，有五十幾間公廟要搬，還要擲筊求神明找個好日子，等眾信徒同意，所以其實這真是一個非常艱巨的工作。

我對新北市有一份很深的感情。我從警察的工作到新北市從事行政工作，是一個轉換，這個轉換讓我跟新北市市民，非常非常的熟悉，我愛新北市，我也愛台灣這一塊土地。我跟他們的感情連結，而且對新北市的大小事務，不但熟悉也知道未來的方向要怎麼做。

尤其當市長這三年多，我是大力擘劃未來二〇三〇年的願景，既然擘劃出一個願景，我就希望戮力把它完成，不管任何一個人，在接棒過程當中都要把它完成，當然包括我在內。所以在我還能夠努力為新北付出的過程當中，我願意承擔更多的責任。

其實我現在部署的是三大軸心：有一個新板特區已經成熟了，再加上塭仔圳，跟旁邊的新莊副都心，建構第二個軸心，現在除弊已經完了，開始興利，整個都市優化。第三，再加上三重的行政中心，這個部分開始在蓋了。所以三個軸心，我已經部署好了，再加上六大產業，從淡水、林口、新莊、土城、樹林、鶯歌，還有新店、汐止，我把六大產業布局都布完了，有的是剛剛起步，有的已經規劃都完成了，我希望繼續能夠努力地把它做好，所以除了這個布完局以外，最重要的交通軌道建設、區域道路，還有很多的醫療、教育、文化，以及社會的關懷體系，我都要不斷地讓它成長。新北市的成長一點一滴在進步，光是你看新北市的公共托育，對孩子們的照顧所做的量，是全國（超越其他）五都加起來的總和。

李四端：現在已經一百零六座了吧。

侯友宜：對，到年底要拚一百二十座。從第一座到現在的一百零六座，幾乎每一座從開始找地方到完成，我都有參與。

李四端：這對很多尤其新生家庭的，那是一個多大的福利啊。

侯友宜：所以我說這是一個使命，雖然我當市長到目前三年多，其實早在我當副市長時（二

○一○至二○一八年）就在做這些事情。

李四端：你在很多國人的了解，除了你的作為果斷，也是一個不去打口水戰的人，可是在未來的選戰當中，你必然還會受到很多的批判，你必須為自己做很多的維護。你能堅持這樣子嗎，只是做事而不去談論是非？

侯友宜：選舉過程必然會接受到很多挑戰，四端你不要忘了，我是將近六十歲才出來選舉的，四年前是我人生第一次選舉，今年這是第二次選舉。

當一個事務官當到特階，換跑道要出來選舉，變成人家認為的一個政治人物，所以當時出來選舉的過程當中，我就自己告訴自己：希望找回的是一個善良、純樸、正向、認真的台灣人，努力做事情，不要口水、不要對立更不要衝突。我覺得選舉確實可以不必要很多的紛爭，因為台灣需要是團結，一個共好的台灣。未來我們怎麼做，讓這個城市變成一個大台北的中心，變成團結台灣最重要一股力量；因為新北就像一個台灣的縮影，它有山有海，美麗的沿海線，更重要有都會和偏鄉，市民人口最多四百萬，各種族群的多元文化，新住民也最多，所以在這樣一個土地成長的人，就是台灣的縮影。所以我希望用包容的態度，看待新北、看待整個北台灣，甚至看待台灣這塊土地。

李四端：這四年其實對台灣的任何一個首長來講，最大的考驗應該就是疫情了。你怎麼檢討近兩年多新北市是全國疫情的風暴中心，但似乎你走出來了，你怎麼看自己這段的過程？

侯友宜：防疫就像作戰一樣，絕對是要台灣團結上下一條心，這是我當行政體系裡面不變的想法跟觀念，尤其站在第一線的人一定最容易碰到問題，我們看到問題要提出解決方法，多溝通、多協調，大家才可以成一個事。

兩年前開始有Alpha出來的時候，後來有Delta（新冠病毒變異株），新北市永遠都是重中之重，在這種狀況底下，我們一定會採取大家聯合面對、聯合解決問題。我感觸比較深的是，這兩年看到很多問題，希望的是大家一起來解決；但當初我提出了一個叫「阻絕於境外、管控在境內」，境外如果攔住了，境內就不會有，這是一個決勝關鍵點，那時候我就希望，入境就要普篩，趕快把他篩了就擋在境外，或是進來的時候就把他隔起來，可惜我反映了很久，也到中央行政院開會講了很久，大概快一年多吧，後來總算在Delta進來以後，實施了入境普篩、做兩次PCR，再做一次快篩試劑，整個疫情就穩定下來。

今年的國門再開面臨疫情再起，所以其實一個政策是很重要，再加上當時去年是沒打疫苗，大家很緊張，我們在新北市會碰上所有的疫情浪頭，第一個衝擊一定是新北市，問題也最多；去年我就看到一個，為什麼別的地方都知道有確診個案了，反映給我的時候，我的資料裡面沒有，狀況很奇怪？民意代表跟我講：市長，我那裡有一個確診，你怎麼都沒有送他去醫院？我說幾天了？五天了，我怎麼還不知道？我就查資料，確實不知道。後來我就跟CDC的指揮官講這些訊息，他也去了解，後來才有一個叫「校正回歸」。今年也是一樣，Omicron進來的時候，因為我天天跑第一線去看，要嘛是區公所、衛生所，要嘛是警察局或消防局，我發現光衛生所的同仁，每天的電話量幾乎被打爆了，曾經最高的時候一天是六萬通的電話，六萬通的電話都是埋怨，那其實只是一個通報系統，光一個通報系統就反映了很久，反映到五月二十五號才改善，想想看我五月十八號的時候，單日的確診個案是二萬七千二百三十，我們新北市碰到這麼多問題，民眾抱怨聲連連的時候，你再多的電話關懷，其實很難撫平這些人的痛苦；民眾他不會分說你是地方政府或是中央政府，民眾就是認為，你政府做得不夠好，第一線的基層同仁最辛苦，他每天工作到半夜就要承受所有市民的埋怨，然而市民埋怨是合理的，因為他的痛比你還痛，我經常到第一線鼓勵他們：你要知道市民的痛苦，只有你能夠撫慰、能夠給予協助，你不要抱怨，不管是系統的問題或在過程當中，有任何什麼我們都共同承擔。所以我都盡量採取我們共同面對的方式來解決。

尤其像新北市的狀況很特殊是醫療資源，全國在整個量能上是倒數第二名，只贏金門。四百萬人口，因為當時是一個台北區，那新北市理當要承擔更多的責任，還好我們有十八家的急救責任醫院，我非常地敬佩這些醫護同仁，無怨無悔跟我並肩作戰，扛起所有的責任。我也跟中央報告，居家照護我來做，他說你做得通嗎？你敢做嗎？我說我不做我的醫療量能一定會吃緊，甚至會崩盤。

李四端：從剛剛談到現在，你感覺四年的市長期間，這裡面是成就感多，還是挫折感多？你怎麼平衡你自己的工作？

侯友宜：這工作對我來說已經四十幾年，我幾乎每天都面對不一樣新的挑戰。當你面對槍戰，我經常會說要把生命犧牲很難，然而在後面人生的生涯當中，又有很多奇奇怪怪汙巇什麼的東西，我說捨掉這個名節也更難；但是不要忘了，你的核心價值在哪裡！只要為國家人民做事，選擇這個價值，你就願意全力以赴、全力承擔，不管挫折再重、壓力再大，既然做了選擇就不要後悔，當初我選擇做了警察，尤其選擇做刑警，站在第一線衝鋒陷陣，又選擇辦重案，你不能後悔說不上戰場，你就要做好準備，隨時做最壞的打算、永不後悔。今天也一樣，當你選擇了為市民服務，就算有很多的批評責難，我都願意虛心的接受、改變，重新調整好步伐，這是一個態度。人生只有樂於接受挑戰，勇於承擔、全力以赴、不計成敗，守著你的核心價值，不忘你的初心，這才是你自己。

李四端：談到初心，我這邊就要借用新北市的一個特別道具，謝謝你帶到攝影棚來，這是你在警察任務結束，同仁們送給你的一張服務證的大複寫。你從民國六十九年就加入警務工作，從警大畢業之後到現在警察退休是怎麼樣的一個心境？

侯友宜：非常謝謝警察工作給我人生很多的淬鍊，我六十九年警校畢業後就當刑警，一日為警察，終身愛警察，守著我不變的初心。尤其我離開警界的工作職場來到新北市，雖然不是警察的身分，但是我永遠保留警察那個公職的身分，直到今年，年齡到了才屆退。

李四端：你為什麼要保留它？

侯友宜：因為那是我的初衷，那是我熱愛這份工作的原動力。熱愛這份工作不是警察身分，是為民服務、為國家效忠，這份初衷永不改變。當初進警校，不是只有找一個公職，不是找一個警察的身分，最重要我希望為國家人民努力多做一點事，所以雖然我當副市長、市長，我覺得我是從警察教育養成訓練出來的，一心只為這一塊土地，一心為國家人民，守護好他們的安全，守護好人民所期待的要讓我們國家更繁榮的方向。所以我以警察為榮，因為那是讓我長大，面對人生的歷練，不管是悲歡離合、恩怨情仇、世態炎涼都歷經過，讓我有辦法淬鍊，是人民給我這麼一個機會

「我是從警察教育養成訓練出來的，
一心為國家人民，守護好他們的安全。我以警察為榮。」

來這裡服務，是警察的舞台讓我有今天站在這個地方，所以我很希望保有這個，不忘初衷，赤誠的心，好好在我有生之年努力的做事。

李四端：這份初心一直維持著你，就如你講的，你的血液就是警察，這份警察工作的保國衛民，也就是你一生提醒自己的。保國衛民、警察思維、警察行動，可以成為一種稱讚，但也有人認為會讓你過度的對事情太過警覺，但是你告訴我們警察的信念，反而是你施政最重要的一個支柱。

侯友宜：大家不要誤解什麼叫警察思維，警察是最重要的，他是為國家、為人民努力做事。警察很單純，他想把事情做好。警察最重視團隊，全力以赴保家衛國，警察的思維是最單純，沒有那麼複雜的政治思維來看待。他們只想盡忠愛國，希望做好人民服務。打擊犯罪只不過是一環，為民服務更是一環，整理交通又是一環，其中最重要，警察也扮演很多的社會關懷員，其實警察是多元面的，大家不要把警察這兩個字窄化，警察接觸最多社會底層，看到人民的痛苦。警察的角色不是單一面向很強悍的，警察更是要有同理心，關懷所有的市民，面對市民需求的時候，能夠幫他解決問題，站在正義這一面隨時能夠幫助他，讓他能夠受到安全，受到撫慰，所以也許我們穿了一個制服，大家就把制服看得好像非常剛強，其實錯了，警察是非常柔情的，他有面對歹徒的剛強一面，他也有面對民眾必須關懷的一面，然後保持一個行政中立，好好做事，不要受到外面的一些干擾。我希望台灣是一個很乾淨的好好做事的環境，團結在一起，不要為了立場就忘了該做的事，真的好好努力做事。

李四端：市長你真的是鐵漢柔情。

侯友宜：所以我今天非常感恩跟惜福能夠當市長，何其有幸我們今天有機會坐在這個位子上。如果有機會能夠幫助更多的人，你就要把握機會。人生的機會永遠不會在你這一邊，你如果不把握每天好好努力做事，等你回頭過來，你什麼都沒做到，你會後悔，為什麼當年不多做一點？所以什麼樣的職位都不重要，重要的是你有沒有把事情做好，所以當有一天你離開，在乎的不是那個位置的高跟低，而是別人怎麼看你。其實我要的就是一句話，人家談到說「他做市長做得怎麼樣？」「他做得不錯！」這樣就好了。

李四端：你一定非常期待接下來新的四年吧？

侯友宜：我更期待的是後面還有幾個月的時間，我好好把它做好。因為只有現在的事情做好，未來才有機會把事情能夠做到更到位。你現在都做不好，你還有未來的期待嗎？真的要把握每一天時間把事情做好才是我最大的期待，我希望能夠繼續努力好好做事，不只為新北，還為我們這一塊土地多奉獻。

李四端：最後要補上一句，同仁們挑的這張照片很漂亮。（秀出警察服務證的道具拷貝）

侯友宜：這一張我記得是我當警政署長的照片吧。

李四端：對啊，不忘初心！

侯友宜：不忘初心，我永遠會堅持。因為這是我從事公職的第一天開始到現在，我希望用做事代替所有我的一切。

（二〇二二年七月）

線上觀賞

SCAN ME

張嗣漢：創造價值，業績絕對往上走

·端哥開場

「試吃雖然耗成本，但消費者喜歡，對廠商則是重要的行銷手段。」好市多亞太區總裁張嗣漢說：「有試吃和沒試吃，業績差好幾倍。廠商成本雖然增加，但短時間知名度和業績都會拉高。」

張嗣漢分享好市多Costco的獨門行銷術，除了試吃還首創免費的退貨機制。這些讓消費者占盡便宜、讓廠商增加成本的表象背後，卻是消費者和廠商各取所需、互蒙其利。他說：「把退貨損失當作行銷費用，你來退貨，我們不囉嗦，就給你退。退貨，你開心，你就會跟你的朋友說，那就是幫我們做口碑，這個廣告費更值錢。」

二十多年來，一路看著台灣好市多從無到今天的蓬勃發展，最讓張嗣漢開心的居然是自家員工愛用自家產品，「我看到員工休假時，會帶家人逛好市多！但很多其他企業的員工是不用自家產品的，而我們員工願意花自己的錢，買自家的產品，這是對公司以及對產品價值的最大肯定。」現在的張嗣漢不只繼續做好市多的亞太區總裁，他更樂於當一名人生教練，願意和更多人分享人生經驗的喜悅。

李四端：在台灣去賣場逛逛或買東西，不僅是消費行為，更成為一種生活經驗。今天我們請到台灣最大的賣場，好市多亞太區總裁張嗣漢先生。現場擺滿了各種的食品，儼然成了一個小的Costco賣場，這些其實只代表你們三千多項商品的極少數，但絕對是銷路最好的幾樣吧？

張嗣漢：這幾個品項代表生鮮部門，差不多占我們的業績百分之二十五，非常高。比如說熱狗，我們的會員應該都了解美國進口的香腸，從一九八三年美國開了第一家Costco，熱狗一塊五毛錢一支包含一杯飲料，到現在二〇二二年，這個價格如果你拿美金來算還是一塊五，包含飲料。

李四端：台灣是五十塊錢套餐，一個熱狗還有一杯飲料。

張嗣漢：飲料又是續杯的。

李四端：你們一九九七年一月十八號開幕的宣傳啟事，那時候就有熱狗了，到現在還是五十塊錢。你如何辦到的？

張嗣漢：也不是說每個商品都是這樣子，但是熱狗真的代表我們Costco。為什麼有這個熱狗？為什麼有Food Court？因為剛開始很多會員是做生意的中小企業，他們來這邊買東西很辛苦，沒有東西吃，所以吃個熱狗對他們來說可以省一點時間，剛開始是用這個原因。

李四端：是幫助消費者有個加油站一樣的休息一下。

張嗣漢：特別是中小企業，因為他們很忙趕到我們這邊買貨，可是沒時間吃東西，快點買個吃的東西又便宜，所以這也是個福利，一個服務給他們。

李四端：二十五年前五十塊錢的東西，到今天還是維持五十塊，我不知道台灣有幾樣，應該很有限，但是你預料在未來大概也不會上漲？

張嗣漢：應該不會漲，你看上個月我們的董事長接受CNBC（美國消費者新聞與商業頻道）訪問，因為現在美國的物價全部在漲，問他說熱狗會不會漲，他說不漲，還是一塊五。

李四端：美國通貨膨脹都百分之八、九了，所以對好市多來講這是一個意義，就是給客戶一個服務。

張嗣漢：的確，這個是服務，也讓大家知道我們有一些東西真的因為太多人喜歡，這個東西代表Costco一個精神，我們就不漲。烤雞也是一樣，在美國四塊九毛九，不到五塊錢美金，這個價格在市場裡面非常低。這些品項我們不可能隨便去漲，一定想辦法如何把我們的成本壓低，最後如果沒有辦法才可能會考慮漲。

李四端：基本上你覺得還不至於賠錢是吧？

張嗣漢：有的可能有賠一點，但是我們看整個部門，這邊稍微多一點、這邊少一點，用這種方式看可不可以把這個部門撐下去。

李四端：大家都了解你們對於毛利率有一個紀律性的要求，我記得是百分之十四以下，為什麼只願意賺到百分之十四的利潤而不願意再往上爬？

張嗣漢：我們認為百分之十四是一個合理的利潤，今天可以讓我們的零售價很低，而且可以支應一些開銷，並且賺一點點錢，可是我們還有另外一個收入，其他通路沒有的就是我們的會員收入。會員收入也可以幫助我們降開銷的成本，所以就變成我們的零售價也不需要拉得那麼高。這樣子讓零售價低，讓會員來買很多東西，最主要是提升我們的價值，這個很重要。

李四端：會員制其實很有趣，你當初來台灣開創的時候大概很多人不太理解，這個會員制憑哪一點？

張嗣漢：剛開始非常辛苦，我們第一家店是在高雄一九九七年開的，會員制也是在過濾我們的客人，今天如果你願意付會員費，你的消費能力、你的收入已經在不同一個層級了，變成來的人的消費能力跟他的客單價都很高，就好像我們去選我們的客層，所以他一定要付會員費，一進來消費能力強，我們的客單價現在全台灣可能是在三千、三千二百塊左右很高，這個就讓我們把整體營業額拉得很高。

李四端：但會不會造成不公平？我也想進去，但我不願意做會員或者其實我具備消費能力，你會不會反而排斥了這些顧客上門？

張嗣漢：其實我覺得問題不是在這邊，問題是有的消費者可能不適合來Costco，比方說他們住比較小一點的地方，單身的，可能沒有辦法一次買那麼多東西，他們可能比較適合去超市或是便利商店，這個是OK。因為我們知道我們最主要的會員，他們的消費能力是可以買那麼大的，所以就變成這也是一個我們的策略，我們知道不可能做每個人的生意，但是我們的客層購買力很強，他們就夠了。

李四端：這個應該是你們長期以來的政策。這二十五年來在台灣的拓展過程，你們有沒有在一些紀律與政策要求做過調整？

張嗣漢：剛開始有很大的壓力，前五年非常辛苦。大家不了解Costco，我們賠錢賠了五年多，那時候很多人就說，你看台灣人對會員制不接受，你們的包裝太大等等。那時候我們就堅持不改，因為我們了解當會員愈來愈習慣Costco，他們會喜歡我們，所以還是按照原來的樣子。現在一些品項也許會調整，為了台灣人的口感各方面的，可是我想今天如果你來台灣，去美國、去加拿大百分之九十九的東西都接近一模一樣，這個就是我們Costco一個原則，跟精神。

披薩也是一樣，披薩的麵糰都是從美國進的，起司、醬料都是美國進的，因為我們清楚會員他們知道美國的披薩口感如何，他們來Costco的期待就是吃個熱狗、披薩一定要有美國的風格，這個才像Costco，所以我們不改，而且最好是不要改，從美國進口進來剛好是最原始的一個口感。

李四端：你等於就是把美國原始的購物經驗、口感，全部複製在這個地方。有沒有人提出建議，你是可以迎合台灣市場而做一點區隔改變，甚至可以增加你的利潤？

張嗣漢：有，每次談來談去都是那個包裝的大小。但是我們說今天東西如果有它的價值，會員他們自己會想辦法。你想日本地方更小，但是我們生意還是很好，為什麼呢？東西又好又便宜，所以那邊的會員他們會想辦法怎麼去分、怎麼去包啊，都ＯＫ。

李四端：所以你認為就是你的堅持，最後消費者自己會想出一個對策來。

張嗣漢：最主要是如果有那個價值，他們會想辦法。消費者都一樣，我要東西又好又要便宜，如果有一點點不方便會想辦法怎麼去克服。

李四端：作為你這個角色的工作位置，你有絕對的否決權是不是？

張嗣漢：我們滿獨立的，比如說採購是不是什麼東西都要從美國買？No，他們有非常大的彈性，可以買美國的商品、全世界都在賣的美國暢銷品，或也可以自己去採購，當地的也好其他的通路都可以。

李四端：世界各地Costco的商情資料，你這邊都看得到？

張嗣漢：都看得到，非常透明化。

李四端：暢銷品可以引進台灣來，有沒有台灣的暢銷品被引到別的地方？

張嗣漢：我們現在很多台灣的商品都在北美那邊賣，美國、加拿大的Costco，因為外國人也喜歡道地的亞洲東西，很多台灣品牌你在那邊看得到，在洛杉磯、舊金山、紐約也有了，而且賣得非常好。最好笑的是什麼東西呢，是外國人買乾拌麵，美國人買冷凍佛跳牆，都很好。

李四端：我看到很多討論，台灣單店業績創下你們公司的前十名裡面不只一個，是三個，這二十五年來Costco在台灣成功故事的祕訣是什麼？

張嗣漢：台灣這邊的團隊跟我在一起從一九九七年進來，很多留下來了，還是我們的員工。所以就變成這個團隊是非常有經驗的，而且我們這些主管很有特色，他們是從沒有到有，就進了Costco，雖然我們是一個很大的國際化公司，可是Costco台灣是他們的小孩，從養到讓它長大，他們對這個公司非常忠誠，我覺得這也是一個我們很幸運有這種員工跟這種氣氛與公司文化。這種感覺我們叫主人翁精神，Costco台灣好像是我們的公司，很特別。

李四端：經過二十五年之後，你覺得台灣的市場經營愈來愈得心應手了。

張嗣漢：沒有，還是有挑戰，我想就是成本不停在漲，人事成本、土地成本，水電都在漲，漲的幅度很快，我們不可能這個漲就把零售價調嘛，所以就變成我們要用腦筋，怎麼把費用節約做得更經濟，可以擺平這個漲的幅度。

李四端：我聽說疫情期間你為了讓消費者能夠直接享受到不中斷的貨運供應，你連礦泉水都可以用飛機來運，那個成本是多大啊。所以你現在說看到了國際物價，國際貨物通運不斷地在上漲，你怎麼去平衡？

張嗣漢：這是一個好問題，而且我們要想各種各樣的辦法，怎麼去降低成本，這個我們要跟廠商一起想辦法，比方說包裝，今天如果可以把兩個小的放到一個比較大一點的，就省了很多包裝費，包裝費與運費這些都是省下來的成本。省下來的成本不是被放在口袋裡，而是讓我們彌補通膨，由於物價都漲了，就變成我們要花很多時間認真去看，如何讓我們的成本，商品、包裝各方面降下來，因為還是要維持我們的價值。

李四端：我想問價值跟利潤之間，在你心中經常交戰是不是？

張嗣漢：絕對是價值！因為今天如果你有價值，你的業績絕對會往上走，不管你的毛利率是多少。Costco很奇怪就是因為是零售業，可是我們不看商品的毛利率的百分比，我們去看商品的毛利率的金額。所以如果你的業績很大，變成毛利率的金額就大了，不管你的百分比多少。我們現在把很多精神放到如何把我們的營業額做大，而不是看毛利率的百分比。

李四端：你自己有沒有思考過，為什麼剛開始在台灣會員制那麼困難，到現在這麼多人願意跟著你們，而且數目到了三百萬之多？

張嗣漢：其實新的會員不是我們的成績單，我們最大的成績是續卡率，現在續卡率台灣是百分之九十四．六，非常高。會員真的喜歡Costco，最主要是相信Costco。

我跟你講兩個故事，一個是二〇〇三年SARS那段時間，大家非常緊張，我們那段期間生鮮的銷售在成長，因為會員相信我們的衛生標準來這邊買一些東西，這讓我們也非常感動。然後碰到這次的疫情，我覺得最大的成就就是我們沒有斷貨，也許買不到你要買的那個品牌，可是一定有那個品項在，就像你剛剛講的我們還空運很多東西，我們一定要保證讓會員拿得到貨，因為他們有付費來這邊消費，我們一定要有這個貨給他們的，所以我們願意花空運成本。

李四端：你們的退貨制度在台灣算是首創，可是到今天你有沒有發覺，台灣消費者已經認為這是一個基本的權益了。

張嗣漢：的確是，我覺得也應該是這樣子，也許讓其他的通路覺得退貨的方案是應該有的。我剛來的時候，很多朋友說你要小心台灣人很聰明，你們的退貨方案那麼大方，你要小心。我說沒有關係我們試，到現在不成問題，非常少。

李四端：總裁你有沒有碰過，甚至懷疑他是真的瑕疵退貨，還是要占你便宜？

「Coaching Yourself，我想當一個人生教練，
非常願意跟年輕人分享我的人生經驗。」

張嗣漢：退貨，我們把它當成一個行銷的費用。比方說今天你真的不喜歡，你來退貨，我們什麼都不囉唆給你退，你很開心嘛，我相信你會跟朋友道口碑，這個是廣告費值多少錢？你退一個熱狗、退一件衣服，我們吸收，那個錢很少，但是廣告效益很大。

李四端：還有一個消費者的經驗就是，你們在出入口一定會有檢查。我看到國外的報導說那個清單其實是防止不購物而偷東西的人，把你的庫存量能夠穩定下來，是這個用意嗎？

張嗣漢：最主要是保護我們的會員，如果他看今天同一個品項刷了三次，他會檢查看購物車到底有沒有，因為有的時候條碼掃太快，連續一下掃三次，他一看知道這可能是個瑕疵，我們多算錢了。

李四端：這二十五年來還有哪些制度性的開創，你覺得對台灣的消費經驗帶來貢獻的？

張嗣漢：我們研發了一些新業務，譬如我們有加油站，生意也是很好，油價這個東西很敏感。

李四端：你不怕開多了，將來中油公司不給你油。

張嗣漢：不會，我們全台灣只有三家，最多假設十四家，很多店沒有辦法開加油站，因為沒有地，這個東西也是封閉性的只給我們的會員。現在也有我們的網路商店，這個也是將來很大的一個生意。

李四端：我覺得Costco的社群行銷很厲害，經常在網路上討論最多的就是有一群專門盯著你們的產品，有正面也有負面批評，這不是你們自己策動的吧？

張嗣漢：不是，像臉書有一個Costco專頁完全不是我們做的，是會員很熱情地買什麼東西就貼文，說買了這個很棒，然後一下大家看了就開始買，業績就看到往上走了。絕對不是我們在做行銷。

李四端：你怎麼看這些熱情，或者他們有些很苛刻？

張嗣漢：我很感謝啊，非常感謝他們那麼支持Costco，我也希望他們百分之百坦率，不好的讓我們知道，我們可以去改進，我們不是完美的，很多地方可以再進步，但是我們需要人反映給回饋，所以我跟我的朋友說，今天你不喜歡的東西請你退，他說不好意思，我說你不能不好意思，你一定要退給我們，為什麼呢？這樣子我們的採購經理才可以了解這個退貨率那麼高的原因。

李四端：今天我們也注意到Costco在股權上的改變，等於說現在台灣的大型量販店，粗淺來講，你們是唯一的外商了，你覺得意義是什麼？

張嗣漢：我們本公司非常看好台灣市場，過去這麼多年台灣的業績都非常穩，成長也很穩，利潤也很穩，所以非常看上這個市場，雖然人口只有兩千三百萬，但是購買力很強，台灣人的確很喜歡美國進口的商品，包含Kirkland Signature自有品牌。Costco很重視就是市場要穩，將來Costco台灣對我們來說非常重要。

李四端：未來你們短期或者中期有拓展什麼計畫嗎？

張嗣漢：我們現在還是想再多開店。

李四端：現在十四家，你要開多少？

張嗣漢：很多人都問我這個問題，第一要看成本，因為我們是買或者租土地蓋起來，所以要看地價，而且大小夠不夠，我們的面積有它的規模需要那麼大，就要看哪個城市、哪個市場可以符合這兩個要求，北部還是有。現在中部開了北台中，跟原來的南台中，兩個生意都很好，那邊是不是適合再開第三家？所以我們會這樣評估，也要小心開太多，變成自己打自己了。

李四端：我看到一個數字，你們在疫情期間全台灣的年營業額到一千二百億，相當了不起。張嗣漢先生幾乎跟Costco成為一個等號了，你寫了這本書《教練自己》，我想問你現在的壓力，跟二十五年前你到台灣來開創的時候，心情應該不太一樣吧？

張嗣漢：剛開始前十五、二十年就是業績、開店，現在的壓力跟責任都不一樣了。現在就是怎麼去維持Costco的文化，很多年輕的員工進來，他們不了解我們之前的過程，而且有的是二十幾歲，他們怎麼去了解並且相信Costco的文化，所以這變成是我很大的責任，怎麼去教而且確定我們的文化可以交給下一代。

李四端：外界其實很關心兩件事，經由這一次股權的轉移，第一個就是你們的做法會不會有什麼改變，第二個就是你們的接班人計畫是不是開始啟動了？

張嗣漢：絕對沒有什麼變化，因為本來就我們經營的，買回來是因為我們全球都是沒有合資的，都是獨資的，所以台灣是最後一個，就把它買回來了，所以經營方面完全沒有什麼大變化。

接班人現在在培養，我們有很多優秀的人有資格接班，就是要等時間。最近二〇一九年上海開了第一家店，很多優秀的年輕人去上海服務，對他們來說是一個非常好的機會，他們如果在台灣可能要等很久，因為他們上面的人也還滿年輕的，但是一去大陸他們覺得這個是很好的經驗，給我們台灣的幹部去那邊發揮。

李四端：你的事業包括日本、韓國、中國還有台灣，就是全亞洲。做一個全球化的企業經理人，你怎麼去了解那麼多市場且都能掌握住？

張嗣漢：我非常重視團隊的精神，我把自己當成像教練一樣的（曾為台灣男籃國手），然後我的運動員、球員就是我的財務長、營運處長、採購處長……我今天不會干涉到他們的事情，我是當一個總教練，確認每一個人的方向是正確的，但是我絕對不會跳進去管他們的部門。

李四端：你剛剛說消費者在改變，你自己二十五年來改變了什麼？

張嗣漢：我想最大的改變就是愈來愈放權，讓他們去做，因為我知道這些人真的是從一九九七年第一天進公司一路非常了解我們的文化，所以我非常有信心給他們去做。現在台灣的總經理是本地台灣人升上來的，不是國外派來的。今天我從一個運動員的背景怎麼去教年輕人，不見得一定是Costco的員工，社會上的許多年輕人也好，怎麼去讓你自己發揮，讓你自己有辦法去競爭，台灣只有兩千三百萬的人口，怎麼去跟國外的年輕人競爭，也許我可以有一些過去的經驗跟他們分享。

李四端：你將來是不是想做企業講師，一個企業的經驗傳授者，你準備做這方面的努力嗎？

張嗣漢：我對這個很有興趣。像我的父親，他的內容與經驗比我多一百倍，他真的什麼東西都懂而且都看過，然後也會講廣東話、上海話、國語、英文，他五六年前過世了，可是過世後他全部的資訊就帶走了，沒有留下什麼東西，我覺得好可惜。所以我寫了這本書《教練自己》，也是希望可以留一些經驗。我真的很願意去跟年輕人，不要說年輕人了，就跟一般的人去交流，關於我過去這麼多年在Costco，這麼多年在球場、在社會上，我非常願意跟他們分析跟分享一些東西。

李四端：你要傳授的不只是在流通業的經驗，而是人生的經驗。

張嗣漢：Coaching Yourself，教練自己，我想當一個人生教練，不是只有教籃球，然而從籃球、從運動學到很多東西的確是有，現在我沒有打球，沒有當運動員也學了很多東西，兩個合併以後，我覺得當一個人的人生教練也很好。

李四端：你自己在工作上，有沒有收穫最大的一件事情，可以告訴我們？

張嗣漢：跟你講我最開心是什麼，我最開心是假日去逛Costco，推著車，帶家人買東西，然後我看到這個同事來，看到另個同事來，他們也帶家人推車買東西，我覺得這個很棒。你想為什麼很棒，應該這很正常啊，我說不，為什麼呢？因為你有沒有聽過很多員工不用他們自己公司的產品，我們的員工週末帶他們的家人來買東西，帶長輩阿嬤阿公買助聽機器配眼鏡這些東西，或者看員工在那邊換輪胎……我們的員工喜歡我們的產品，而且花自己的錢去買我們的產品，我覺得這個很難得，所以我每次看到都會很感動。

李四端：我懂你的意思，其實你大概說的就是愛你自己所做的事情，就是最重要的。你們商品的擺設位置，也是很大的藝術對不對？

張嗣漢：基本上全球都是那個位置，可是在位置的裡面，店長他可以做小調整。一進Costco一定是電器，甚至說一進去就看到電視，這個很重要，因為這些電器都是很令人興奮的產品，可以看到螢幕等等。我們希望消費者一進來，第一件事情幹嘛呢，買一台電視或者買一個珠寶、買一個手錶、買一個金條、買一個鑽石，這個就讓他的客單價拉高了。

李四端：試吃在疫情之間停下來，現在又恢復了，它對你們是不是非常重要的行銷？

張嗣漢：非常重要，試吃跟沒有試吃的業績不是差百分之多少，是差幾倍！如果試吃可能差三到五倍，對廠商來說非常值得去做試吃，它的成本會高沒有錯，可是今天如果廠商的品牌或者品項沒有知名度，他要讓會員很快了解，一吃一喜歡就拿，那是一個很短的時間，可以讓它的知名度跟業績拉得很高。

李四端：現在我們講到很多人都是電商，你覺得這種商場的實體感受消費經驗還是會繼續嗎？

張嗣漢：還是會，我也在電商買很多東西，但是我在電商就買不多品項，可能就買一到兩樣一次消費的時候，然而你進Costco，你進來可能要買三樣東西，出去可能買了十三樣東西，因為第一你可以摸得到，Touch這個東西，第二有試吃，可以Test，第三是Take，立刻可以買出去。這三個T，電商做不到，所以實體店還是有它的存在。但是話要講回來你的實體店的商品要夠好，要吸引人、要有價值，這個是重點。

李四端：你最喜歡好市多什麼東西，平常最喜歡吃的是哪一樣？

張嗣漢：熱狗，這是我服務的第三十年了，我不曉得吃了多少熱狗。

（二〇二二年十月）

線上觀賞

SCAN ME

柯文哲：政治人物很少講出心裡話

陳佩琪：我尊重他做自己喜歡的事

‧端哥開場

「政治人物本來就太假，大部分都是假的，很少講出心裡話。」前台北市長柯文哲講話的風格向來是語出驚人，他對政治的直白批判，都是不加修飾的心底話，柯文哲說：「民進黨，我以前也是支持它的。只是奇怪，它怎麼墮落得這麼快。」

外科醫師從政的柯文哲，很難改變手術室裡講話直白的習慣，「當上台北市長後，幕僚要我講話別太真實，幕僚跟我說：『市長，我們要模糊不可以講得太真實。』」聰明的柯文哲是耳朵聽得懂，但嘴上卻做不到，說話依舊不加修飾，「正常的選舉我們不會贏，愈亂愈好。」柯文哲的心底話，對年輕朋友卻是妙語如珠，有一種大快人心的共鳴。

柯文哲卸任市長後繼續投入選舉。看在太太陳佩琪醫師的眼裡，不但全力支持還當他最堅強的後盾，她說：「人生的幸福是做自己喜歡的事，我尊重他的決定。」柯文哲在政治道路上繼續直線奔跑，講話依舊直白不拐彎抹角。

李四端：今天既是歡迎也是重逢，陳佩琪小姐是我們節目開播（二〇一八年十月一日）的第一位來賓，保證了這個節目一路長紅到現在，感謝你，尤其今天又穿紅的來。

陳佩琪：那是我的榮幸。

李四端：第二件事情就是重逢，兩位在三年多前（二〇一九年八月）還在市長任內時，結伴來到我們的節目，所以非常感謝兩位，一切都沒變，只是市長的身分現在稍微變化了，我第一個問題就是，你適應得還好嗎？

柯文哲：沒問題，我被人家問很多遍了，你們忘記一件事情，我在台大算一算工作了二十七年，我當市長才八年，所以回去對我來講太熟悉了。

李四端：我指的不是台大，我說你現在每天生活上少了那麼多官員、沒有那麼多局處。

柯文哲：這個都沒有問題，對我來講完全沒有適應上的困難。我現在開始也是坐捷運跑來跑去的。

陳佩琪：他以前在當市長就習慣搭公車去，他現在卸任了，到台大醫院更近。

李四端：以前是七點半開會，現在是七點半到台大，我想問真的是一切都如常嗎？有沒有那種沒有權力之後的空虛感？

陳佩琪：我相信他不會，其實他人生最大的失落感應該是在民國一百年愛滋事件（台大醫院愛滋器捐誤植案），他從一個做得這麼順利也很有成就的醫學領域，突然面臨這麼大的挫折；發生台大愛滋事件的時候，他跟我講說這個事件是他人生最大的挫折，我永遠都記得這一句話。所以他人生已經起起伏伏，他說人生本來就有高高低低的一個時刻點。

李四端：那你們兩個現在有多一點相處時間嗎，還是他依舊忙碌？

陳佩琪：依舊忙碌，完全沒有多時間，以前是在醫院，接下來是在市政府，工作時間都很長，所以他回到家裡的時間一樣都是很短，也一樣就是做他自己的事情，不太跟太太或家人聊天，有時候我會很生氣說，我在跟你講話，你都不反應我。我覺得他最近口才好多了，他會跟我講說，他在外面都要神經緊繃去溝通一些事情，或注意聽別人的話，他才不會挨罵，他說只有回來跟太太相處的時候，他最輕鬆。我聽了也覺得很窩心，就不要求他仔細聽我說話了。

李四端：他用這句話暫時讓你不生氣，但還是沒有跟你多講話。

陳佩琪：對，但是我放過他了。

李四端：說句實話，從（二〇二二年）十二月二十五號卸任到現在，你們的家庭生活都沒有覺得跟以前有任何不同？

陳佩琪：我講我自己的不同，市長八年那時候，我需要去參加一些活動，比如說情人節的煙火，跟跨年煙火，半夜十一點多要去市政府集合、要上台，現在他不當市長了，我沒有市長夫人的身分，然後就沒有這些事了。

柯文哲：以前要跨年，回到家裡一點多了，早上六點還要去總統府升旗，再去健走。

李四端：所以我覺得應該恭喜你，你不是講嗎，你那天晚上在家睡大覺。

柯文哲：對啊，太棒了。

陳佩琪：以前太太要跟著他，人家常常會批評我，說我出現的太多，然後議員也說沒有人想要看到你這個人老是出現，所以有一段時間我也不太想出去，我說出去也沒有車馬費，為什麼要一直跟你出去挨罵呢？他就跟我講說，出去就是要揮揮手、微微笑，就是工作，我說好吧，所以他叫我出去做一些比較軟性的活動時，雖然挨罵，但我還是跟他出席。

李四端：因為你們過去的生活其實一直沒有太違背自我，所以現在即使沒有市長頭銜了，兩位的生活一如往常一樣的平實自然，可是我想問的是你跨年夜那天在家睡覺，你難道沒有想打開電視看一看新市長的表現嗎？

柯文哲：不會，完全沒有興趣。

李四端：你現在對於他就任之後的表現有沒有興趣？

柯文哲：現在就只是一般市民的關心而已啊。他一定會去努力嘛，而且好壞也不是一個禮拜看得出來。

李四端：不過，他似乎對於繼承你很多事情沒那麼大的興趣。

柯文哲：不會啦，我都寫成行政命令規則，我每次都說我們要相信制度，不要相信個人，所以我當時每個動作都不用專簽處理，都會把它寫成ＳＯＰ，甚至變成行政命令都擺在那裡，一定要拿到市政會議裡唸過變成規則，所以要改還滿困難的。

李四端：我記得你說過，在八年市長的頭兩年你幾乎很多事情做不成，很多人根本也不聽你的，你有沒有什麼建議給他？他怎麼把這兩年縮短，怎麼樣讓大家都聽話？

柯文哲：我看還是「堅持」，不太容易，因為公務員常常會有那個心態，鐵打的營盤流水的兵，所以你除非要很堅持，要讓人家確定說就是這樣，他們才會照你的方法做；不然每個人心裡在想我是鐵飯碗，你不曉得能撐多久？所以有時候面對公務員，有一個很大的特色就是要堅持。

李四端：你覺得你八年裡面最堅持的是什麼？

柯文哲：準時上班啊，一開始我每天七點半，沒有多久他們那些政府的官員就跟我講，市長你要抓大放小，這種小事你不要都要注意，最重要是不要每天七點半就開會。

李四端：你八年的堅持，替台北市政府帶來了一個什麼樣的文化？

柯文哲：以前他們想說混過去，現在就沒有把握，因為每天這樣操要混過去不容易。這次最熱門的題目：超徵，一開始我們也遇到那個局面，預算決算超過百分之二十，我說預算決算超過百分之二十的每個要逐案報告，一直壓，壓到後來到百分之三多，你想想看如果一個國家預算超徵連續六年，從一千多億到四千多億，要是我的話，開什麼玩笑，主計處跟財政局在胡搞什麼東西，你怎麼每年都算不準，對不對？

李四端：市長對於財政紀律是很堅持與講究，所以任內八年還了五百七十億的債務。今天節目特別準備了一個小遊戲，我們知道你下一步應該是爭取國家大位，所以就以哥倫布改一個字「柯倫布」來形容你，柯倫布的大位之路（九宮格題目，中心題「大位」），這些地點（外圍題：新加坡、美國、日本、土耳其、印度、荷蘭、上海、以色列）都是你在過去八年任內出國的地方，每一個地點之下附有一個題目，等下聽聽你的觀感跟真心話。我先問為什麼既然已經卸下市長的職位了，不就回去當醫生呢？

柯文哲：你要知道，以前我在當醫生的時候，就是說你要維持那種很頂尖的醫生，每天至少要工作十二小時以上，大概每天讀書一定要超過五個小時，因為你要知道全世界在做什麼、這個領域在做什麼，所以要花很多時間。那中間當市長八年再加上二〇一四那年選舉，加起來快要九年了，九年當中世界在進步，你停在那裡，意思就是說我現在回去當醫生，只能當個很普通的醫生，沒有辦法再恢復到那種頂尖了。

李四端：那做政治人物又能一定做到頂尖嗎？

柯文哲：做政治人物，因為沒有人知道我會要幹什麼，這太有趣了。

李四端：大家都知道你要選總統啊。

柯文哲：我從來不認為我在從政，我都說我在做創投。不是啦，總是要找點事做啊。台灣還是可以做得好一點，真的，我覺得實在是太多不合理嘛，每天看到不合理，就是說不合理的東西為什麼存在這個世界上，實在太奇怪了，特別在一個國家。

李四端：你的任內，你幫政治人物的魅力、趣味打開了新局面，你必須承認吧？很多人都喜歡看你的故事、你的做法，因為很有趣。

柯文哲：政治人物本來大部分就是假的，我覺得太假了，他們很少可以講出心裡面想講的話。

李四端：而你經常講的都是心裡面的話。

柯文哲：我已經收斂很多了。

陳佩琪：以前他常常說醫生對病人，反正就是要講實話，病人也要對你說實話，所以在醫界真的很少會虛晃一招的那種談話技巧。

柯文哲：不是啦，這個都有標準的笑話，就是說當醫生不會聽到假話，當市長很少聽到真話；除非你是精神科，不然怎麼會聽到謊話？

這是有原因的，你知道我們在當外科醫生不可能講文言文嘛，我們兩個在開一台刀，你是我的助手，我要跟你講話一定要電報式語言：好，Bosmin強心劑1 ml一支，稀釋成10 cc，收縮壓每滴65 cc，靜脈注射1 cc，命令要很明確嘛。我們不會跟人家講說，那個血壓不太好的時候Bosmin打半支到一支，第一個血壓不太好是什麼定義？第二個半支到一支，能不能講清楚到底是半支還是一支？所以如果你在當醫生的時候，你下這種命令一定被罵翻了，連護士都跟你翻臉。

可是在政治上，他們每次都跟我說：市長，我們要模糊，我們不可以講得太真實。我的天啊受不了，是這樣啦，我們當醫生當太久，後來那個習慣改不掉了。

李四端：你會不會擔心當一個人離開位子之後，他會害怕後面接任的人，會把他所認為很重要的東西慢慢都拿走了，你會不會有這種擔心跟害怕？

柯文哲：也不用害怕啦，這一定會發生的。我以前在台大醫院當外科加護病房主任，我多嚴厲啊有很多規則，後來去當市長再回去看，天啊很多都被改掉了。以前我凡事SOP要求很嚴格，後來發現也沒有那麼精確。

李四端：你現在完全鼓勵他去爭取這個大位吧？

陳佩琪：我不是說鼓勵他，我是尊重他的決定。像最近遇到有人要來訪問我，我說好啊，那是講醫療的問題嗎？因為我很多醫療的經驗，結果他說不是，我們可以講你的先生將來要爭取二〇二四年的大位你有什麼感想，畢竟你將來有可能成為第一夫人？我說你拿這個理由來訪問我，我可能不會答應你。

李四端：你跟他其實有一點很類似，也是一個很平實而且說話直接的人。

陳佩琪：沒有錯，所以他有點怕我再寫臉書啊。

李四端：你現在還有在寫嗎？我們也找不到了。

陳佩琪：我沒有寫臉書其實有很多的因素。因為二〇二二年我遇到一些家人的健康出了很重大的問題，還有我自己。後來又遇到小孩子在Covid-19流行的時候，他們申請學校都沒有辦法出去，還可以跟我住在一起，結果今年疫情趨緩之後，一個跑美國，一個跑日本，他也知道我常常把很多心思都放在照顧小孩身上，突然兩個小孩就到國外去念書，或許精神科醫師會講說，很多婦女在空巢期會有一些憂鬱症的風險，我覺得我也有這種傾向。包括我的親哥哥，跟我關係很密切，他得到了一個很不好治療的疾病，造成我的心理也有影響。所以我還是覺得說，人的健康最重要，既然寫臉書會造成他這麼大的upset，那我還是乖一點好了。

李四端：做他的太太是辛苦啊，大概你一定要跟很多人分享他，沒有辦法。

陳佩琪：不過他不是說沒有好處，他其實很尊重我，也要講他錢都有拿回家。他常常說我把存摺跟印章沒收，其實他就是對理財沒有什麼興趣，對市政還五百七十億很自豪，可是對家裡的理財就沒有興趣，第一天就把它交給我，然後對外說是我沒收了，其實我根本沒有沒收它，是他自己根本不想管這樣子。

柯文哲：你要知道結婚那麼久，我只有一年薪水比她高，她生病開刀那一年。其他時候我都比她低。

陳佩琪：對啦，就是二〇一〇年那時候肺腺癌開刀，請假了一段時間。

李四端：我們開始進行柯倫布的大位之路，你要從哪裡開始？

柯文哲：「新加坡」。它是一個把國家當作企業在經營很成功的地方。

李四端：我們看看新加坡題：對於任期沒有做完就轉換跑道的民選首長，你的評語？

柯文哲：我是沒有意見，人家老百姓喜歡就好。

「對我來講不管怎麼樣，反正我做到這裡已經很厲害了。
人家說我是真正的老頑童。」

李四端：你是重視SOP的人，更重視責任的人，你的八年之內絕對是把它做完。

柯文哲：不是啦，我二〇二〇年，人家說你要不要去選？我說要去選的話，北流、北藝、大巨蛋三個一定完蛋。你跑掉那個一定垮掉，所以我覺得還是要有責任，一天只有二十四小時，如果去選舉的話原本職務就沒辦法做，選上還要補選，選不上也跛腳，所以這很麻煩。

李四端：上次四年前你來我們節目，曾經說萬一他能夠結束任期，那時候他還沒有說要連任，希望你們夫妻倆有一個小小的時間出國共處一下，這個願望到現在完全沒有實現對不對，即使他現在已經卸任了？

陳佩琪：還沒有啊，我本身很喜歡旅遊，其實旅遊很愉快、可以增長見聞，我都帶小孩子去，他都不跟我去。

李四端：所以四年之後我再問你，你覺得這個願望到底還有沒有實現的機會？

陳佩琪：去年底我去探望兒子，他在日本念博士班。我有邀請他一起去，他的反應第一個是哪有可能？這樣就把我打回票了，其實我也沒有買他的機票，因為我知道他回答一定是這個樣子。

柯文哲：我們一起出國好像是幾年前？

陳佩琪：就是我們蜜月的時候去日本北海道。

李四端：你們結婚三十年了？

陳佩琪：三十年有了。後來又有一次去日本東京大阪那邊旅遊。

柯文哲：沒有啦。

陳佩琪：有啦。我們去過兩次日本。

李四端：市長，不要談歷史，你先看未來有沒有機會？

柯文哲：（嘆）再說吧。

李四端：夫人，你幫市長選下一題。

陳佩琪：我覺得我對印度這個國家滿好奇的。

李四端：我們看看「印度」題：黃珊珊未來會不會成為你的副手？

柯文哲：天曉得！應該盡量找其他的才有擴展性，她跟我重疊性太高了。

李四端：但黃珊珊這次在選戰中，替民眾黨算開創出成績吧？

柯文哲：她證明了台灣有第三勢力，在強大的棄保之下，得票率還有百分之二十五不會動，你想想看以前王建煊跟宋楚瑜也選過台北市長，最後百分之五都不到，完全棄保。事實上黃珊珊這一次證明了在這麼強大的棄保壓力之下還有基本盤。

李四端：但她現在還不是民眾黨員。

柯文哲：應該這樣講，當時她用無黨籍選，突然參加民眾黨，我覺得也不需要，這樣不是太奇怪。

李四端：夫人，你是民眾黨員嗎？

陳佩琪：不是，大家都覺得很驚訝。

柯文哲：當然不是啊，何必浪費黨費，反正你一定幫助我的。

陳佩琪：對啦，他覺得說我永遠是一個跑不掉的支持者。

李四端：市長，我們還有題目可選？

柯文哲：那就「美國」，美國是我們台灣最重要的盟邦。

李四端：題目：給未來民進黨即將選出的新任黨主席的話？

柯文哲：民進黨，我們以前也是支持它的，只是說奇怪怎麼墮落得這麼快。

李四端：政治上面是可以轉變的，將來它還有一天可能成為你的盟友嗎？

柯文哲：都有可能，其實我跟賴清德也不錯，沒有什麼仇恨。人家每次在講藍白合，我說藍白合沒有發生過，白綠合以前二〇一四年才是真的發生過。

陳佩琪：可是我個人觀感覺得不太容易。我為什麼不想寫臉書，一部分的理由也是幕僚跟我講說，你的臉書每次講什麼，即便講得很有道理，但是謾罵都有好幾千條，所以叫我不用寫，攻擊得那麼嚴重。像我寫BNT如果早一點進來台灣，可能不會有那麼多人死於這個疾病，去年的三月講過，被罵了七、八千條的留言，大部分都是說他沒有辦法反駁我寫的不對，但他就寫一些什麼陳時中加油、陳時中我愛你；後來郭台銘在九月再寫一遍，我不曉得因為他是大老闆所以好像沒有人罵他，我寫的就

七、八千條的留言罵得好悽慘，所以這也是我不太想再寫臉書的理由。

李四端：看來跟綠的合作，在市長眼中是有可能，在太太眼中有困難。我幫你挑下面兩題，日本跟上海，你自己選一個？上海是你去過的城市，雙城論壇。

柯文哲：我選一個危險的題目，「上海」。

李四端：題目：台灣人都希望和平，都希望避戰，你如何帶領台灣避戰？是抗中保台，和平保台，還是兩岸一家親？

柯文哲：不管是抗中保台、和平保台、反共保台、其實重點是保台，其他都是手段而已。你要知道我當市長，台北市的公園我挖了七十二個戰備井，我當時還出一個題目，如果巡弋飛彈打下去怎麼辦？要知道沒有電還會活，沒有水就慘了，所以我們要做整個台北市萬一自來水廠不能供水的時候，如何維持台北市民要撐兩天三天，那個計劃要怎麼寫？這我們還有模擬過，我認為全台灣只有台北有做，其他縣市不可能，因為那要花很多錢，戰備井挖下去每隔一個月還要去給它發動一遍看看。

李四端：所以你認為台灣根本沒有做好備戰的真正準備？

柯文哲：沒有啦，哪有準備。

李四端：你如果接任總統大位的話，你會怎麼樣讓兩岸和平？

柯文哲：兩邊都要，一個溝通，一個備戰，兩個都不可以偏廢。所以我後來參加雙城論壇的稿子，我們都在前三天就會互換，大家保證照稿唸。我跟他講如果我要罵你，你也要承擔，你要講兩岸一家親，我也知道你有困難，你講你的，我講我的，大家都有底線、有困難，可以溝通啦。

李四端：我幫你挑的另外一個「日本」題：二〇二四年大選希不希望郭台銘出馬角逐？

柯文哲：我倒是沒什麼意見。

李四端：他可能會影響到你啊？

柯文哲：不會。我覺得是這樣，因為老實講，正常的選舉，我們也不會贏，愈亂愈好。（笑）選舉是很辛苦的事，我們太過難打了。

李四端：市長，我再問一個老套的問題：如果他再回來找你當副手，你也絕對不會接受吧？

柯文哲：看看當時的情形吧。我每次都跟人家講說考第一名的條件是，第二名考得比你差。所以有時候是看當時的局勢，還有一點應該想想看怎麼做對台灣比較好？也不見得什麼事情一定要自己做，這是我的態度。當時他也問我說要不要當副總統？我說我要當副總統，把台北市長幹好就好了，我那一大堆工程都還沒完工。

李四端：但現在已經卸任了。

柯文哲：什麼都可以談，我本來就沒有說一定要怎樣，以前李登輝也這樣跟我講，他說未知生焉知死不對，未知死焉知生才對，這什麼意思呢？因為人最後都會死掉，死亡不是人生的目的，所以人生只是一個過程，在過程當中尋找生命的意義，想通這個道理，人生豁然開朗。對我來講不管怎麼樣，反正我做到這裡已經很厲害了。人家說我是真正的老頑童。

李四端：這八年的市長任期把你訓練成一個什麼樣的人？

柯文哲：改變較多就是比較不會抱怨，我一開始會罵來罵去，後來算了，罵還是要做，直接做就好了。

李四端：你現在對人性是不是比較能夠接受？

柯文哲：對啊，反正每個人都各有所需，你知道就好了，你就看他表演就好了。我以前都會跟他對打，現在比較不會了。

李四端：最後一個題目，我們準備這道「大位」題目，請夫人來唸好了。

陳佩琪：「二〇二四年會出現第一位有醫生背景的總統嗎？」應該是很有可能吧。

柯文哲：賴清德也是醫生。

李四端：可是夫人剛剛直覺想的只有你，可沒講到賴先生，剛剛她回答立刻想到的是身邊最親密的這位戰友。

柯文哲：因為她不是政治人物，她不夠狡猾，不像我看到會閃那個題目。

李四端：所以這個答案是肯定的，兩者當中。

柯文哲：有可能，不是說一定會。

李四端：請兩位寫出給對方的祝福（遞紙板），在面對人生新的挑戰之際？

陳佩琪：最近去日本旅遊的時候，每到一個神社我一定唸這幾個字：「平安、健康、幸福」。

李四端：你們兩個寫的幾乎是一樣的，看來生命的願望愈來愈接地氣了，「平安幸福」！

柯文哲：對，平安就好了。

陳佩琪：我覺得他可以很幸福的過下去，這樣子就可以了。如果說參選很幸福，你就去選，如果說不選，或搭配人家當副手很幸福，那你也就去選，所以幸福應該就是按照你自己的一個意願，能夠做你自己想做的事，我覺得這是一種人生的幸福。

李四端：所有觀眾會跟我一樣的同感，感覺到你們更珍惜對方了。

（二〇二三年一月）

線上觀賞

SCAN ME

柯文哲伉儷二〇一九年、二〇二三年兩度連袂上節目，
都留下給彼此的深切祝福。

雲端食光
端哥上菜

在大雲時堂不只有風趣的人物，
和酸甜苦辣鹹佐餐的人生故事，
還有一道道美味料理，
邀請您欣賞菜色集錦。

· 豌豆蝦仁

· 松露芙蓉蓴菜

· 番茄牛肉麵

· 紅燒牛肉麵

· 圍村老廣式盆菜

· 楊枝甘露凍

· 陳皮無骨牛

· 魷魚螺肉蒜

· 炙燒野生烏魚子

· 宮保雞丁

· 橙汁排骨

· 紅椒牛肉絲

· 魚香茄子

· 宋嫂魚羹

· 東坡肉

· 饅頭

· 花捲

· 珍珠丸子

· 素什錦

· 草仔粿

· 仙草冰

· 砂鍋蒜泥蝦

· 糖醋黃魚

· 月見芙蓉

· 蟲草花半天筍湯

· 雞蛋糕

· 滷味

· 肉燥飯

· 車輪餅

· 厚培根搭苞子甘藍

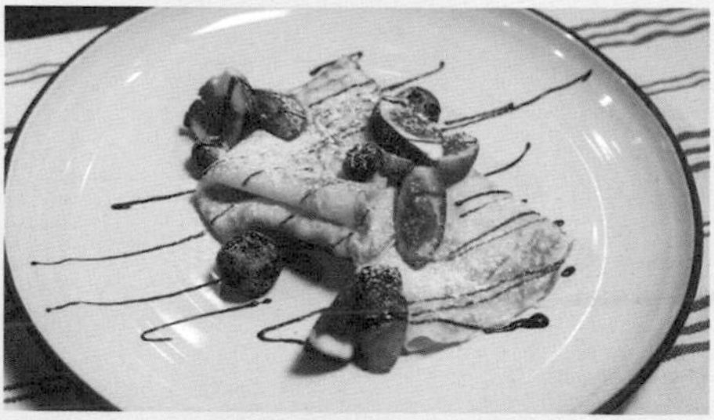

· 無花果法式可麗餅

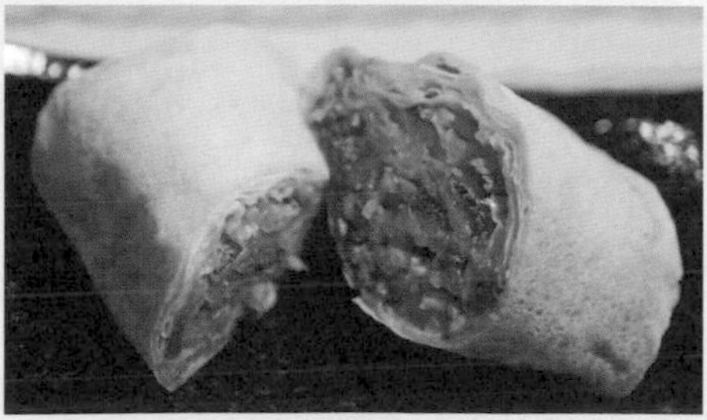

· 潤餅

大雲時堂的成長軌跡

2018

●10月1日
首集開播
犀利人妻｜陳佩琪

●10月2日
五位巾幗英雄同上節目
上校艦長｜黃淑卿
少校直升機飛行官｜楊韻璇
第一戰術戰鬥機聯隊上尉飛行官｜范宜鈴
中士飛彈班長｜林芷蓮
陸軍航空特戰指揮部空訓中心中士教官｜楊繼婷

2019

●6月21日
富邦勇士　力奪首冠
富邦勇士隊總教練｜許晉哲
富邦勇士助理教練｜吳永仁
富邦勇士隊球員｜洪志善
球評｜陳志忠

●10月11日
鍥而不捨跨國救童
刑事局國際刑警科長｜甘炎民
刑事局國際刑警第一隊長｜張瑋倫
刑事局國際刑警科員｜黃雅如
藝人｜李佩修

2020

●3月31日
大雲時堂YouTube突破10萬訂閱

2022

● 2月4日
大雲時堂YouTube突破20萬訂閱

2023

● 4月17日
疫情指揮中心現場訪談
疫情中心指揮官｜王必勝
疫情中心發言人｜羅一鈞

● 6月9日
台美友好橋梁全集英語播出
AIT處長｜孫曉雅

● 7月31日
播出屆滿四百集
俠客院長｜劉兆玄

● 10月
大雲時堂新書出版

2021

● 5月
疫情期間遵照規範維持正常播出

● 5月29日
首次海外連線訪談來賓
日本資深媒體人｜野島剛

● 9月2日
大雲時堂雙料入圍金鐘獎
生活風格節目獎
生活風格節目主持人獎

● 9月7日
奧運奪金羽球雙雄　父子同框
羽球運動員｜李洋
羽球運動員｜王齊麟
李洋爸爸｜李峻淯
王齊麟爸爸｜王偉建

PEOPLE 511

大雲時堂：做堅持的人

作　　者—台灣優視媒體科技股份有限公司
圖片提供—台灣優視媒體科技股份有限公司
編輯副總監—何靜婷
主　　編—尹蓓芳
封面設計—陳文德
內頁設計—陳文德
排　　版—菩薩蠻電腦科技有限公司

董 事 長—趙政岷
出 版 者—時報文化出版企業股份有限公司
一〇八〇一九台北市和平西路三段二四〇號三樓
發行專線—（〇二）二三〇六—六八四二
讀者服務專線—〇八〇〇—二三一—七〇五
（〇二）二三〇四—七一〇三
讀者服務傳真—（〇二）二三〇四—六八五八
郵撥—一九三四四七二四 時報文化出版公司
信箱—一〇八九九台北華江橋郵局第九九信箱
時報悅讀網—http://www.readingtimes.com.tw
法律顧問—理律法律事務所 陳長文律師、李念祖律師
印　　刷—華展印刷有限公司
初版一刷—二〇二三年十月二十日
定　　價—新台幣四九〇元

時報文化出版公司成立於一九七五年，並於一九九九年股票上櫃公開發行，
於二〇〇八年脫離中時集團非屬旺中，以「尊重智慧與創意的文化事業」為信念。

大雲時堂：做堅持的人 / 台灣優視媒體科技股份有限公司著.
-- 初版. -- 臺北市 : 時報文化出版企業股份有限公司, 2023.10

面；　公分.

ISBN 978-626-374-358-8 (平裝)
1.CST: 人物志 2.CST: 電視節目 3.CST: 訪談

783.31　　112015319

ISBN 978-626-374-358-8
Printed in Taiwan